Jakobine Wierz

Knallbunt im Formenrausch

Kinder malen, sprayen, reißen, zeichnen, drucken und gestalten wie farbenfrohe Künstler

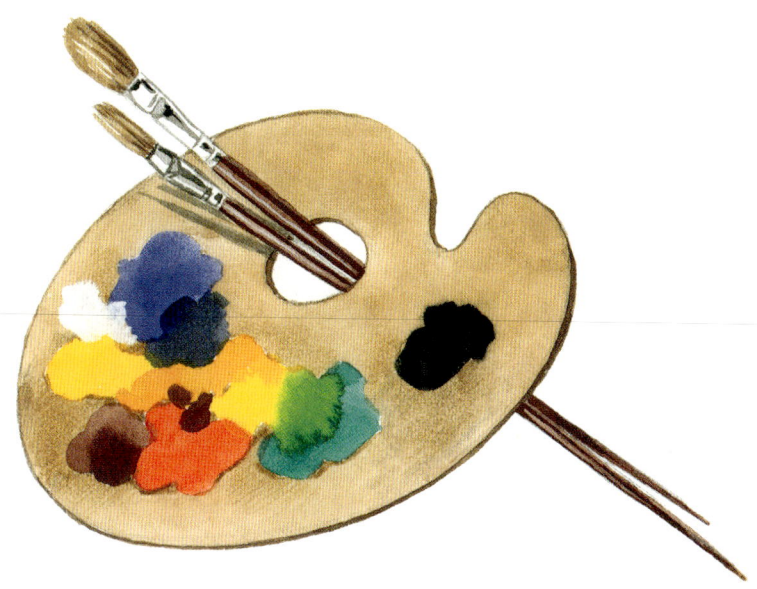

Illustration: Kasia Sander

Ökotopia Verlag, Münster

Impressum

Autorin	Jakobine Wierz
Lektorin	Barbro Garenfeld
Illustratorin	Kasia Sander
Satz	Hain-Team, Bad Zwischenahn
ISBN	978-3-86702-041-1

Inhalt

Malen wie die Großen

Kinder erleben die farbenfrohe Welt der Kunst

„Ich konnte schon früh zeichnen wie Raphael, aber ich habe ein Leben lang dazu gebraucht, wieder zeichnen zu lernen wie ein Kind."

Pablo Picasso

Moderne Kunst wird oft verpönt und verspottet. Da heißt es häufig in der Bildbetrachtung Erwachsener: „Das könnte mein Kind auch". Recht haben sie, denn viele Künstler orientieren sich in ihrer Arbeit an der natürlichen und angeborenen Kreativität und Ausdrucksfähigkeit der Kinder. Wie in Kinderzeichnungen steht in ihren Bildern die experimentelle Auseinandersetzung mit Farben, Formen, Materialien, Empfindungen, Träumen und Ereignissen im Vordergrund anstelle von naturgetreuer Darstellung von Gegenständen, Personen und Landschaften.

Dieses Buch möchte Kinder mit Bildern und Arbeitsweisen verschiedener Künstler vertraut machen. Dabei steht nicht die Bildbetrachtung im Vordergrund, sondern die Methode des jeweiligen Künstlers und das daraus resultierende Bild als Inspirationsquelle für das eigene schöpferische Arbeiten. Die Kinder imitieren auf spielerische Weise die KünstlerInnen, sie bewegen sich auf ihren Spuren und lernen im eigenen Tun deren Bild- und Gestaltungsmerkmale kennen. Sie malen in Formen, mit bestimmten Farben, drücken ihre Gefühle, Empfindungen oder Träume aus, stellen Collagebilder mit verschiedenen Materialien her und vieles mehr. Ausgangspunkt ist das Bild oder Objekt des jeweiligen Künstlers bzw. der Künstlerin als Impuls für eine kreative Auseinandersetzung mit Stilmerkmalen, Bildinhalten oder Gestaltungstechniken. Dabei greifen die Kinder Stilelemente aus dem Vorbild auf und setzen sie mit ähnlichen oder anderen Materialien um, z. B. mit Ton, Stoff, Pappmaché, Draht oder Holz, oder sie verwirklichen Zweidimensionales dreidimensional. Ganz ohne Vorlage entstehen dabei neue kleine Kunstwerke, die der Ursprünglichkeit der Kinder und der Auseinandersetzung mit den KünstlerInnen und deren Arbeitsweise entspringen.

Zum Gebrauch dieses Buches

In vielen verschiedenen Einrichtungen, sei es in der Kindertagesstätte, in der Kinderkrippe oder der Arztpraxis, zieren Kunstwerke moderner Künstler wie Keith Haring, James Rizzi, Niki de Saint Phalle, Andy Warhol, Friedensreich Hundertwasser und vieler anderer die Wände der Flure oder Wartezimmer. Diese Bilder wecken auch die Aufmerksamkeit der Kinder. Neben der Frage, was auf den Bildern dargestellt ist, bewundern die Kinder ganz wertneutral die farbenfrohe Schönheit und das Können der KünstlerInnen. Doch wie hat der Künstler, die Künstlerin dieses Meisterwerk gestaltet? Welche Technik hat er im Entstehungsprozess genutzt? Hat er noch andere Techniken in seinen Werken erprobt? Welche Gedanken gingen ihm dabei durch den Kopf? Warum hat er das Bild so und nicht anders gemalt? Kinder suchen Antworten auf ihre Fragen. Diese Aufmerksamkeit gilt es zu nutzen, um das sich entwickelnde kulturelle Interesse zu fördern. Und da sich besonders gut einprägt, was man selbst einmal ausprobiert hat, ist es für Kinder wichtig, einmal genauso arbeiten zu dürfen wie die KünstlerInnen.

Dieses Buch stellt acht berühmte KünstlerInnen vor und bietet eine große Angebotsvielfalt in deren künstlerischem Sinne. Dabei steht weniger ihre Biografie im Mittelpunkt, als vielmehr ihre Arbeitsweise. Um die jeweilige Methode im eigenen Tun aufgreifen zu können, ist es sinnvoll, eine Bild- oder Werkbetrachtung dem praktischen Vorhaben vorauszuschicken. Auch das Erkennen des Künstlers, wie sieht er aus, wie arbeitet er, was ist sein persönlicher Stil, sollte vorab besprochen werden. Entsprechendes Text- und Bildmaterial findet sich im Buch in den jeweiligen Kapiteln. Darüber hinaus stehen im Anhang zahlreiche Hinweise, wo und wie Sie zusätzliches Informations- und Bildmaterial finden.

Ich wünsche allen viel Spaß und Vergnügen beim Kennenlernen der KünstlerInnen und ihrer Gestaltungstechniken!

Jakobine Wierz

Umrissmännchen bevölkern Wände: Keith Haring (1958–1990)

Wieso malte Keith seine Bilder auf Plakatwände?

Der Graffiti-Künstler Keith Haring wurde am 8. Mai 1958 in Reading, im amerikanischen Bundesstaat Pennsylvania, geboren und verbrachte seine Jugend in Kutztown. In diesem kleinen Ort im Osten der Vereinigten Staaten wuchs er mit seinen Eltern und seinen drei Schwestern auf. Nach seiner Schulzeit studierte er auf Wunsch der Eltern Werbegrafik. Mit 20 Jahren verließ Keith Haring Pennsylvania und zog in die Großstadt New York, denn dort hoffte er seiner Fantasie und Kreativität freien Lauf lassen zu können. In New York entwickelte er eher zufällig den für ihn typischen linearen grafischen Stil

Keith Haring bemalt sein Büro, 611 Broadway, New York, 1984, Foto © Patrick McMullan

und schuf viele Graffiti, wie man bildhafte Schriftzüge auf Oberfächen des öffentlichen Raumes nennt. Keith Haring entdeckte die mit schwarzem Papier überklebten Plakatwände in der Stadt, die für neue Plakate vorbereitet waren, als herrliche Großwandmalfächen und beschloss, diesen großen Malgrund für seine Zeichnungen zu nutzen. Auf diese Weise schaffte er es, seine Bilder direkt zu den Menschen zu bringen. Keith wusste, dass er sich nicht erwischen lassen durfte, denn Werbeflächen zu bemalen ist verboten. Deshalb musste er schnell malen. So entstanden aus einigen schnellen Linien die für seine Kunst letztendlich typischen Umrissfiguren. Keith war voller Ideen, so dass an manchen Tagen bis zu vierzig solcher Zeichnungen entstanden. Viele Menschen fühlten sich durch seine Bilder angesprochen und fragten ihn nach Erklärungen. Keith schwieg dazu, denn ihm war es wichtig, dass die Menschen sich selber mit den Bildern auseinandersetzen und eigene Deutungen entwickeln. Leider wurden Keiths Werke immer wieder mit neuen Werbeplakaten überklebt und waren somit verschwunden. Um Keiths Arbeiten zu dokumentieren, folgte der Fotograf Tseng Kwong Chi seinen Spuren durch New York und hielt Keiths Arbeiten auf Fotos fest. Im Laufe seiner Entwicklung bemalte Keith auch T-Shirts, Mauern, Gegenstände und Menschen (z. B. die farbige Sängerin und Schauspielerin Grace Jones). Seine Werke blieben auch nicht nur schwarz-weiß, sondern wurden bunt. Er schaffte es, mit einfachen bunten Zeichnungen seine Gedanken, seine Sicht der Welt und seine Ideen zu den Menschen zu bringen. Zahlreiche Galerien und Museen luden ihn zu Ausstellungen ein. Dieses wachsende Ansehen nutzte er, um sich gesellschaftspolitisch zu engagieren. Er setzte sich u. a. für Kinder ein und nahm den Kampf gegen die Immunschwächekrankheit AIDS auf, an der er selbst am 16. Februar 1990 verstarb. Keith Haring wurde nur 31 Jahre alt!

Keith Haring, Untitled, 1982, Vinylfarbe auf Vinylplatte, 183 × 183 cm, Privatsammlung,
© Courtesy Haring-Archiv/Foto

Kinder erleben die Arbeitsweise von Keith Haring

Umrissbilder

Alter: ab 5 Jahren
Material: Tapetenbahn, Bleistift, Temperafarbe, Klebeband

Der Malstil von Keith Haring ist geprägt von seinen Umrissmännchen, die in jedem seiner Bilder vorkommen. Ähnlich wie Keith malen die Kinder gemeinsam Umrissbilder von sich selbst.

Die Kinder rollen die Tapete auf dem Boden aus. Nacheinander legen sich mehrere Kinder nebeneinander auf die Pappe. Dabei nimmt jedes Kind eine andere Haltung ein. Während ein Kind auf der Tapete liegt, hält immer ein anderes Kind aus der Gruppe die Umrisse des auf dem Boden liegenden Kindes fest. Diese Umrisse im Keith Haring-Stil malen die Kinder nach Lust und Laune bunt aus.

Schattenumrissbilder

Alter: ab 5 Jahren
Material: weiße und bunte Kreide, Sonne

Bilder von Keith Haring sehen aus, als seien sie durch eine Schattenumrisszeichnung entstanden. Die Kinder halten mit Kreide ihren Schatten fest, den sie bei Sonne mit ihrem Körper auf den Boden werfen.

Die Kinder bilden Paare. Sie stellen sich an einem sonnigen Tag auf einen asphaltierten Platz. Durch die Sonne wirft ihr Körper einen Schatten auf den Asphalt. Die Kinder halten gegenseitig mit weißer Kreide ihren Schattenumriss fest. Besonders interessant wirken die Umrisse, wenn sie dabei verschiedene Körperhaltungen einnehmen. Jedes Kind malt seinen eigenen Umriss bunt aus.

Ein-Linien-Bilder

Alter: ab 6 Jahren
Material: Papier (DIN A4), Kugelschreiber, Blei- oder Filzstift

Haring ging beim Malen sehr spielerisch mit der Linie um. Er malte alle seine Figuren nur mit einer einzigen, durchgezogenen Linie, ohne den Stift dabei abzusetzen. Dennoch bewegen sich seine Figuren immer abwechslungsreich und lebendig über die Malfläche.

Die Kinder erhalten mehrere Bogen Papier und versuchen ebenfalls, Motive ihrer Wahl mit einer Ein-Linien-Zeichnung zu gestalten.
Aufgepasst, der Stift darf nicht abgesetzt und an einer anderen Stelle neu aufgesetzt werden!

Schattenmonsterbilder

Alter: ab 5 Jahren
Material: Kreide, Sonne

Keith Harings Umrissfiguren haben manchmal ein monströses Aussehen.

Die Kinder bilden Viereergruppen. Alle gehen an einem sonnigen Tag hinaus auf einen freien asphaltierten Platz. Durch die Sonne werfen ihre Körper Schatten auf den Boden. Drei Kinder sind aufgefordert, miteinander lustige Monster als Schattenfiguren auf den Asphalt zu zaubern, indem sie ihre Körper zueinander in Beziehung setzen. Das vierte Kind hat die Kreide in der Hand und umfährt den Umriss des Schattenmonsters. Anschließend findet ein Malertausch statt und ein anderes Kind hält nun die Umrisslinie der Gruppe fest.

Schattenumrissbilder an der Wand

Alter: ab 5 Jahren
Material: eine Wand, die einer neuen Farbe bedarf, schwarzer Wachsmalstift, Temperafarbe, Dia- oder Overheadprojektor, evtl. Packpapier oder Tapete

Keith malte nicht auf Leinwände, sondern fertigte seine Umrissbilder vor allem an Häusern oder übermalte Plakatwände.

Alle Kinder stellen sich nacheinander vor die zu bemalende Wand. Der Diaprojektor leuchtet sie frontal oder von hinten an, so dass ihr Schatten auf die Wand fällt. Diesen hält ein Kind oder die Spielleitung mit dem schwarzen Wachsmalstift auf der Wand fest. Das nächste Kind sollte sich nun so zu dem Schattenbild des anderen Kindes stellen, dass es mit diesem in Verbindung steht (dem Schattenbild die Hand geben, den Arm um die Schulter des Schattenbildes legen usw.). Dabei kann es zu Überschneidungen kommen.
Sind alle Kinder mit ihrem Schattenumriss auf der Wand festgehalten, malen sie die Umrisse bunt aus. Jedes Kind wählt für seinen Schatten eine Farbe aus.
An den Stellen mit Überschneidungen malen die Kinder mit den entsprechenden Mischfarben (z. B. blau + gelb = grün).

Variante
Steht keine Wand zum Malen zur Verfügung, kann man auch eine Wand mit Packpapier oder Tapete überkleben.

Kreide herstellen

Alter: ab 5 Jahren
Material: 1 Tasse, Wasser, Farbpigmente, Gips, Papp- oder Joghurtbecher

Keith hat viele seiner Bilder mit Kreide gemalt. Es ist gut möglich, dass er seine Kreide zum Malen auch selbst hergestellt hat.

Die Kinder füllen eine Tasse halb mit Wasser und mischen darin Farbpigmente und Gips, bis eine dickflüssige Paste entsteht. Diese füllen sie in den Pappbecher. Die Masse muss ungefähr eine Stunde trocknen. Wenn sie hart ist, schälen die Kinder den Becher ab und das Malen kann beginnen.

Mit Kreideresten malen

Alter: ab 5 Jahren
Material: Kreidereste, alte Schüsseln, 1 Stein oder Mörser, Wasser, Pinsel, Papier, Becher

Wie man sich denken kann, war Keith nicht von Anfang an berühmt. Lange Zeit musste er sparsam leben und sicher auch entsprechend mit seinen Kreiden umgehen. Das bedeutet, er musste auch seine Reste verwenden.

Wiederverwertung kann ganz einfach sein. Wo viel mit Kreide gemalt wird, fallen viele Kreidereste an. Statt sie zu entsorgen, sortieren die Kinder sie nach Farben und sammeln sie in Schüsseln. Mithilfe eines Steines oder Mörsers zermahlen sie die Kreidereste zu Pulver. Auch damit kann man malen. Die Kinder tauchen den Pinsel in Wasser und anschließend in die Kreide. Der feuchte Pinsel saugt die Kreide auf, so dass sie sich auf dem Papier vermalen lässt.

Mit Kreide auf nassem Papier malen

Alter: ab 5 Jahren
Material: saugfähiges Papier, Schwamm, Wasser, Kreide, Becher

Sicher sind Keith und seine Kreiden auch schon mal nass geworden, wenn er bei Regen durch New York lief und geeignete Flächen für seine Bilder suchte. Vielleicht waren die Malflächen, z. B. Litfaßsäulen, ebenfalls durch den Regen feucht. Wer jemals auf einer nassen Tafel mit Kreide geschrieben oder gemalt hat, konnte erfahren, wie leicht die Kreide über die Tafel glitt und wie farbenprächtig die Farben der Kreide dadurch wirkten.

Die Kinder halten den Schwamm unter Wasser, wringen ihn aus und feuchten das Papier damit an. Nun toben sie sich mit der Kreide auf der feuchten Fläche aus und stellen die herrlichsten Farbkombinationen zusammen.

Themen
Entwurf einer Tapete, Entwurf eines schönen Teppichs, Entwurf für den Stoff eines schönen Kleides, Blumenwiese usw.

Plakatwände oder Litfaßsäulen bemalen

Alter: ab 5 Jahren
Material: Tapetenkleister, Packpapier oder Tapetenrolle, Kreide, Temperafarbe, Pinsel, Becher, Teller

Keith Haring fiel auf, dass nicht alle Plakatwände innerhalb einer Stadt gleich stark genutzt werden. Oftmals hängen viele alte Plakate an diesen Wänden oder sie sind bereits abgerissen und die Plakatwand ist unplakatiert, also leer. Das störte Keith Haring. Deshalb übermalte er langweilige, zerrissene oder ungenutzte Plakatwände mit seinen Umrissfiguren.

Nach Absprache mit den Verantwortlichen für die jeweilige Plakatwand (z. B. Stadtverwaltung) können Kinder eine solche Plakatwand bemalen.
Die Kinder bekleben sie mithilfe von Kleister mit Tapete oder Packpapier. Sie malen darauf mit Kreide oder Temperafarbe und halten z. B. ihre Umrisse fest, indem sie sich vor die Wand stellen und gegenseitig ihre Körper umfahren. Anschießend malen sie das Innere der Umrisse in einer beliebigen Farbe aus. Natürlich können die Kinder die Wand auch mit anderen Motiven gestalten.

Harings Luftschiff

Alter: ab 7 Jahren
Material: 1–2 Luftballons pro Kind, Gas zum Füllen der Luftballons, Filzstifte, kleine Zettel, Bindfaden
Vorbereitung: Die Luftballons mit Gas füllen und verknoten.

Keith Haring bemalte 1989 mit seinen typischen Einstrichmännchen die Plane für ein Luftschiff, einen sogenannten Zeppelin.

Die Kinder erhalten einen mit Gas gefüllten Luftballon. Diesen bemalen sie mit Umrissmännchen in der Art von Keith Haring. Sie schreiben ihre Adresse und in welchem Rahmen dieser Luftballon gestaltet und losgeschickt wurde auf einen Zettel. Den Zettel binden die Kinder mithilfe des Fadens an den Luftballon. Sicher transportiert das Luftballonluftschiff keine Menschen, jedoch eine Botschaft. Vielleicht erhält eines der Kinder ja Antwort auf seinen Haring-Luftballon.

Straßen bemalen

Alter: ab 5 Jahren
Material: Kreide, Parkplatz oder Hof

Kinder wissen aufgrund der verschiedenen Steinspiele wie Himmel und Hölle, dass man mit Kreide sehr gut auf Asphalt malen kann. Ihnen sind in größeren Städten vielleicht auch schon einmal Straßenmaler begegnet. Solch ein Straßenmaler war Keith Haring manchmal auch.

Die Kinder malen auf den Spuren des Straßenkünstlers Keith Haring großflächige Bilder mit Kreide auf eine Asphaltfläche. Dabei kann jedes Kind sein eigenes Bild malen oder aber gemeinsam mit anderen ein großes Bild.

Bilder verändern sich durch den Regen

Alter: ab 5 Jahren
Material: schwarzes Tonpapier, Kreide

Oft verschwanden Keith Harings flotte Zeichnungen auf Straßen und Plakatwänden ebenso schnell aus dem Stadtbild, wie sie entstanden waren. Sie wurden entweder überklebt oder der Regen tat das seine dazu.

Kinder malen mit bunter Kreide auf schwarzes Tonpapier. Bei schlechtem Wetter setzen sie ihr Bild kurze Zeit dem Regen aus. Dabei beobachten sie, wie sich das Bild verändert.

Auf Graffitisuche

Alter: ab 7 Jahren
Material: Fotoapparat, 1 Bogen Tonkarton, Kleber

Keith Haring war der erste, der Wandmalereien in Form von Graffiti, also gemalte Schriftzüge und Bilder auf öf-

fentlichen Wänden, salonfähig machte. Zuvor waren sie als „Schmierereien" verpönt. In jedem Dorf und in jeder Stadt finden sich mittlerweile Wandmalereien. Manchen sind sie noch immer ein Dorn im Auge, da viele Graffiti-Künstler diese ohne Erlaubnis auf fremde, neue und saubere Flächen malen. In vielen Städten werden Graffiti-Künstlern inzwischen jedoch schon Flächen extra zur Bemalung zur Verfügung gestellt.

Kinder machen sich mit einem Fotoapparat auf die Suche nach Wandmalereien in ihrer Umgebung und fotografieren sie. Nachdem die Bilder entwickelt sind, fertigen die Kinder daraus eine Collage. Dazu arrangieren sie die Bilder auf dem Tonkarton und fixieren sie mit Kleber. Dabei oder anschließend unterhalten sie sich darüber, welche Graffiti sie besonders schön finden und warum.

Piktogrammspaziergang

Alter: ab 7 Jahren

Keith Harings Bilder sind Piktogramme. Das sind grafische Symbole, also Bildzeichen, die auf etwas verweisen. Eine Taube kann z. B. als Bildzeichen für den Frieden stehen. Eine Brezel an einem Laden verweist darauf, dass sich in diesem Haus eine Bäckerei befindet. Unsere Gesellschaft ist voller Symbole und Piktogramme, die uns auf irgendetwas hinweisen. Das beginnt schon bei der Suche nach einer Toilette.

Die Gruppenleitung unternimmt mit den Kindern einen Spaziergang durch das Schulgebäude, durch den Ort oder die Stadt. Dabei suchen alle nach den verschiedensten Piktogrammen (Straßenschilder, Hinweisschilder, Hinweise für Notausgänge, Wappen, Zeichen von Einkaufsketten, Tankstellen usw.). Im Anschluss an diesen Piktogrammspaziergang entwerfen alle Kinder, die Lust dazu haben, selbst ein Piktogramm, z. B. zum Thema Frieden, Freundschaft, Ferien, Hobby oder ein Familienwappen.

Piktogrammbilder

Alter: ab 7 Jahren
Material: Zeitschriften und Werbeprospekte, Kleber, Schere

Piktogramme kann man leicht erkennen und deuten. Auf wenig Raum und mit wenigen Linien stellen sie etwas dar. Keith Haring malte piktogrammhafte Bilder, um auf Situationen oder Stimmungen aufmerksam zu machen, z. B. zu den Themen Tod, Wut, Verliebtsein oder Weihnachten.

Die Kinder suchen aus den verschiedenen Zeitschriften Piktogramme, Symbole und Kennzeichen zu verschiedenen Themen. Sie könnten Piktogramme von Geschäften, Einrichtungen und Marken sammeln oder auch Bildzeichen, die auf ein bestimmtes Thema wie Weihnachten, Liebe oder Wut und Krieg verweisen. Der Themenwahl sind dabei keine Grenzen gesetzt. Haben alle viele verschiedene Piktogramme gesammelt, kleben sie diese auf dem Papier mit Klebstoff eng aneinander. Auf diese Art und Weise entsteht aus den Piktogrammen eine Art Teppichmuster zu einem bestimmten Thema.

Meine Signatur

Alter: ab 6 Jahren
Material: Filz- oder Bleistift, Zeichenpapier

Alle Künstler signieren ihre Bilder, d. h. sie schreiben ihren Namen oder eine Abkürzung davon darauf, damit jeder erkennt, dass sie von ihnen stammen. Keith Haring unterschrieb nicht immer mit seinem Namen, sondern signierte einige mit einer kleinen Zeichnung, dem „Strahlenbaby". Dieses Piktogramm zeigt ein auf allen Vieren krabbelndes Baby, das Strahlen aussendet wie die Sonne. Die Strahlen, sie stehen für Energie, verwendete Keith auch bei vielen anderen Motiven. Das Strahlenbaby ist ein Symbol für Keith Haring, und jeder wusste, dass dort, wo dieses Zeichen stand, Keith Haring am Werk gewesen war.

Jedes Kind entwirft für sich selbst ein solches Zeichen, mit dem es seine Bilder von nun an signieren möchten. Ein solches Piktogramm kann z. B. das Lieblingstier, die Lieblingsblume, ein Farbklecks in der Lieblingsfarbe, das Lieblingsspielzeug, ein Herz, eine Sonne oder vieles andere sein, wozu das Kind eine besondere Beziehung hat oder was typisch für das Kind ist.

Plakatdruck

Alter: ab 6 Jahren

Material: Styreneplatten (= feinporige Styroporplatten, die im Bastel- und Künstlerbedarf erhältlich sind), Ritzwerkzeug (Nagel, Kugelschreiber, Stopfnadel), Linoldruckwalze, Linoldruckfarbe, Glasplatte, festes Kopierpapier, evtl. Filzstift, Plakatkarton

Vorbereitung: Die Schnittkanten der Glasplatten mit Klebeband umkleben, damit sich die Kinder nicht verletzen.

Keith Haring stellte viele Plakate und Druckgrafiken her, auf denen seine Umrissfiguren immer wieder aktiv und lebendig wurden.

- Die Kinder ritzen Umrissmännchen in die Styreneplatte ein.
- Sie geben etwas Linoldruckfarbe auf die Glasplatte.
- Mit der Linoldruckwalze rollen die Kinder die Farbe auf der Glasplatte aus.
- Die Kinder überrollen mit der Druckwalze ihren Druckstock (die Platte).
- Ist dieser vollständig mit Farbe versehen, legen die Kinder einen Bogen Kopierpapier auf die Styreneplatte und reiben mit der flachen Hand sanft darüber, so dass sich die darunter liegenden Luftblasen entfernen.
- Sie ziehen das Papier wieder vom Druckstock ab. Die Umrisse erscheinen nun weiß.

Tipp

Wenn alle Kinder ihren Druck auf einen Plakatkarton kleben, entsteht ein großes Plakat.

Variante

Sobald der Druck getrocknet ist, können die Kinder die weißen Umrisse schwarz nachfahren.

Große Stoffflächen bedrucken

Alter: ab 5 Jahren
Material: Leinen- oder Nesselstoff, dünner Schaumstoff, Schere, Tempera- oder Stoffmalfarbe, Pinsel

Für Keith Haring war Kunst auch Gebrauchskunst. So gestaltete er z. B. mit seinen Umrissmännchen das Segel für ein Segelboot. Wie Keith bemalen die Kinder mit Figuren eine Stoffbahn.

Die Kinder legen den Stoff aus. Aus dem Schaumstoff schneiden sie Umrissfiguren in verschiedenen Größen und Körperstellungen. Sie färben die Schaumstofffiguren mit Tempera- oder Stoffmalfarbe ein und drücken diese als Druckstock auf den Stoff. Ist die Farbe getrocknet, können die Kinder die Stoffbahn z. B. als Wandbehang, Raumteiler, Fahne oder Tischdecke benutzen.

Entwurf einer CD-Hülle

Alter: ab 6 Jahren
Material: leere CD-Hüllen, Bleistift, weißes Tonpapier, Schere, buntes Faltpapier; evtl. Musik

Keith Haring entwarf 1989 zu Ehren des Geburtstages der deutschen Gräfin von Thurn und Taxis ein buntes Platten-Cover.

Die Kinder benutzen die leere CD-Hülle als Schablone und umfahren sie außen mit dem Bleistift. Das entstandene Viereck schneiden die Kinder aus. Daraus gestalten sie ein Cover im Stil von Keith Harings Umrissmännchen, indem sie sich die Umrissfiguren von Haring auf Bildern genau anschauen und diese auf buntes Faltpapier übertragen. Sie schneiden die bewegt dargestellten Umrissfiguren aus und kleben sie auf das Cover.

Tipp

Um die Kinder bei der Gestaltung zu inspirieren, hören sie ihre Lieblingskinderlieder im Hintergrund. Sie motiviert die Kinder zur Gestaltung ihrer sich heiter bewegenden Keith-Haring-Wesen.

Großstadtgeschichten aus New York: James Rizzi (geboren 1950)

Warum malt Rizzi Großstadtbilder?

James Rizzi wurde 1950 in Brooklyn, einem Stadtteil von New York City, geboren. Er studierte an der Universität von Florida und malt seither Straßenbilder, formt Skulpturen und widmet sich besonders den verschiedenen Drucktechniken. Rizzi wurde 1974 von dem Bildhauer Chaime Gross entdeckt, der in dem hippiehaften James einen großen Künstler vermutete. Heute ist er einer der bekanntesten zeitgenössischen Pop-Art-Künstler. Sein Stil ist beeinflusst von der Malerei der Kinder und primitiver Völker. Deshalb ordnet man ihn der sogenannten naiven Malerei zu. Seine Bilder sind farbenfroh und verbreiten eine heitere Stimmung. Sie leben von intensiven Farbkontrasten, die Rizzi durch schwarze Umrissmalerei besonders hervorhebt.

Das Motiv, das in seinen Bildern immer wiederkehrt, ist seine Geburtsstadt New York. In comicartigen Bildern zeigt er Gebäude, Parklandschaften und Orte seiner Stadt. Auch Menschen, die sich in den Straßen von New York tummeln und die Bilder lebendig werden lassen, fehlen nicht. James Rizzi ist ein sehr produktiver Künstler, der sich nicht in den Rahmen eines Malers, eines Bildhauers oder eines Druckgrafikers pressen lässt. Ihm liegt es am Herzen, mit seiner Kunst ein Millionenpublikum zu erreichen. Deshalb nutzt er Alltagsgegenstände, um seine Kunst zu vermarkten. Er druckt Plakate in hoher Auflage, entwirft Art-Shop-Artikel wie Buttons oder T-Shirts. Als Designer entwirft er im Auftrag von Firmen die buntesten Designs von Coverbildern über Porzellan (z. B. Rosenthal) bis hin zu den Flügeln einer Boeing. Rizzi lebt in Manhattan und lässt sich weiterhin von seinem New York inspirieren.

Rizzi With Beetle,
© Alexander Lieventhal, 2006

"THE BIG APPLE IS BIG ON LIBERTY" RIZZI A/P 1999

James Rizzi, **The Big Apple is big on liberty**, © 1999 James Rizzi, www.james-rizzi.com; James Rizzi wird verlegt von Art28, www.art28.com

Kinder erleben die Arbeitsweise von James Rizzi

Cover für eine Märchenschallplatte

Alter: ab 6 Jahren
Material: alte Schallplattencover (z. B. vom Flohmarkt), weiße Abtönfarbe, Temperafarbe, Pinsel

James Rizzi malt bunte, lebendige und witzige Bilder, auf denen ein lebhaftes Treiben herrscht. Sie stellen vor allem Großstadtszenen seiner Stadt New York dar. Weil er sich dort so wohl fühlt, haben nicht nur die Menschen lachende und frohe Gesichter, sondern auch die Häuser haben Gesichter und biegen sich oft vor Lachen oder zittern vor Wut. Rizzi malte solche Bilder auch für eine Band, die diese auf ihr Schallplattencover drucken ließ. Die Kinder gestalten ein Cover für eine Märchenschallplatte.

Die Kinder setzen sich zusammen und reden über die Märchen, die sie kennen. Sie reflektieren den Inhalt der jeweiligen Handlung und entscheiden sich schließlich für ein Märchen. Welche Szene ist wohl so reizvoll, dass sie auf dem Schallplattencover gut zur Geltung kommen wird?
Jedes Kind erhält ein altes Schallplattencover. Die Kinder übertünchen mit Grundierfarbe die alten Cover. Ist die Farbe getrocknet, beginnen sie mit der farbigen Gestaltung und lassen sich von Rizzis Lebendigkeit der Darstellung inspirieren.

Porzellandesign

Alter: ab 6 Jahren
Material: einfaches weißes Porzellan (z. B. Teller und Becher), flüssige Porzellanmalfarbe oder -stifte, Lappen, Porzellanmalstift in Schwarz, Spülmittel

Für die deutsche Porzellanfirma Rosenthal entwirft James Rizzi Vasen, Aschenbecher, Kerzenhalter, Schmuckkästchen und einen Krug. Dieses Porzellan ist kunterbunt mit typischen Rizzi-Motiven bemalt.

Jedes Kind erhält einen Gegenstand aus Porzellan. Diesen reinigen die Kinder mithilfe von Spülmittel und warmem Wasser. Mit der Porzellanmalfarbe bemalen sie das Porzellan in Rizzi-ähnlichem Stil. Das bedeutet, sie nutzen den schwarzen Stift, um wichtige Konturen deutlich hervorzuheben und um die Farben voneinander abzusetzen. Als Impulsgeber dienen dabei einige Kunstpostkarten von Rizzi.

Variante
Statt verschiedenem Porzellan können die Kinder auch ein Service gemeinsam gestalten. Dabei bemalt jedes Kind seinen Becher und seinen Teller. Beim gemeinsamen Frühstück findet das Essgeschirr dann seinen optimalen Einsatz.

Uhren im Rizzi-Design

Alter: ab 5 Jahren
Material: weiße Pappe, Armbanduhr, Bleistift, Filzstifte, Büroklammern, Goldfolie, Silberfolie

In Art-Shops gibt es oft Uhren, die im Design eines Künstlers gestaltet sind. Kinder sind Rizzi dabei behilflich, für seinen Art-Shop eine Armbanduhr zu entwerfen.

Um für Rizzis Art-Shop eine Uhr zu gestalten, nehmen die Kinder eine Armbanduhr als Muster. Sie legen sie auf die weiße Pappe und umfahren sie im Abstand von 1 bis 2 cm. Dann zeichnen sie eine Rundung für das Zifferblatt ein. Sie schneiden die Uhr aus und beginnen mit dem Design. Das Rizzi-Design ist poppig, peppig, grell und witzig. Wie soll also das Armband aussehen, wie das Zifferblatt, wie die Zahlen, wie die Zeiger? Ist die Rizzi-Uhr gestaltet, binden sich die Kinder ihre Uhr um und verschließen sie mit einer Büroklammer. Wie unterschiedlich wird das Rizzi-Design der Kinder sein?

Handys im Stil von Rizzi

Alter: ab 5 Jahren
Material: Toilettenpapierrollen, Klebeband, Schere, 1 Handy, Bleistift, Filzstifte

Durch die künstlerisch gestalteten Alltagsgegenstände, die Rizzi entwirft, rückt Kunst in den Alltag vieler Menschen, wenn sie diese Gebrauchsartikel benutzen. Handys gehören in unserer Gesellschaft zu Alltagsgegenständen, die unentwegt benutzt werden. Auch ihr Design ist für die Käufer wichtig. Die Kinder entwerfen ein Handy im Stil von Rizzi, so dass sein Art-Shop um ein Produkt erweitert werden kann.

Jedes Kind erhält eine leere Toilettenpapierrolle. Die Kinder drücken beide Enden flach und kleben sie mit einem Stück Klebeband zusammen. Sie nehmen das reale Handy als Muster und zeichnen mit einem Bleistift Tastatur und Display ein. Dann beginnen sie mit der farbigen Ausgestaltung des Handys. Welches Design wird das Handy erhalten? Wenn es in einem Rizzi-Shop zum Verkauf angeboten werden soll, muss es auf jedes Fall peppig, witzig und bunt gestaltet sein. Außerdem umrandet Rizzi seine Motive sehr gerne mit schwarzer Kontur.
Dann also viel Spaß beim Telefonieren!

Textilien für Rizzis Art-Shop

Alter: ab 5 Jahren
Material: bügelfixierbare flüssige Textilmalfarbe und Pinsel (alternativ: bügelfixierbare Textilmalstifte), 1 schwarzer Textilmalstift, verschiedene Baumwolltextilien (z. B. Taschen, Kappen), Bügeleisen

Für seinen Art-Shop gestaltet Rizzi auch Textilien, z. B. T-Shirts. Für den Boxer Henry Maske entwarf er sogar einen Boxermantel. Im nachfolgenden Angebot helfen die Kinder Rizzi, seinen Art-Shop mit Textilien auszustatten.

Die Kinder überlegen gemeinsam, welche Textilien Rizzi im Art-Shop verkaufen könnte. Es gibt eine große Auswahl an unifarbenen Baumwolltextilien, welche die Kinder mit Stoffmalfarben gestalten können. Natürlich bemalen sie diese Textilien im Stil von Rizzi, also comicartig, farbenfroh und poppig. Zur Betonung der Konturen umranden sie die Motive mit einem schwarzen Stoffmalstift. Nach der Bemalung fixieren die Kinder ihre Malerei mit dem Bügeleisen, indem sie über die Rückseite der bemalten Fläche bügeln.

Riesenbutton

Alter: ab 5 Jahren
Material: unbedruckte Bierdeckel (Bastelladen), Filzstifte, Wäscheklammern, Heißklebepistole

Für seinen Art-Shop entwirft Rizzi auch Buttons zum An-stecken. Die Kinder stellen ihre eigenen Rizzi-Buttons her.

Die Kinder überlegen sich ein persönliches Symbol z. B. Blume, Sonne, Stern. Alle Kinder erhalten einen unbedruckten Bierdeckel, den sie im Stil von James Rizzi mit ihrem ausgewählten Symbol bemalen. Sie verstärken die Kontur des Motivs mit schwarzem Filzstift, wodurch die Farben eine starke Leuchtkraft erhalten. Da auf Rizzis Bildern immer viel zu sehen ist, genügt es nicht, das Motiv nur farbig auszumalen. Der ganze Button sollte farbenreich und kunterbunt mit vielen kleinen Details ausgeschmückt sein. Mithil-fe eines Erwachsenen befestigen die Kinder die Wä-scheklammer mit der Heißklebepistole am Button, um diesen irgendwo am Kleidungsstück befestigen zu können.

Tipp

In vielen Einrichtungen ist jedem Kind in seiner Grup-pe ein Symbol zugeteilt, das ihm dabei hilft, seine Sa-chen zu finden bzw. welchen Becher oder Teller es benutzen darf. Dieses Symbol könnten die Kinder nutzen.

Variante

Ältere Kinder malen ihren Namen auf den Bierde-ckel. Dazu zeichnen sie die Buchstaben mit einem Doppelstrich. Die Zwischenräume bieten zusätzlich die Möglichkeit, mit Mustern ausgestaltet zu werden. Davon zeugen viele Schriftzüge in den Bildern von Rizzi.

Buchumschlag im Rizzi-Design

Alter: ab 6 Jahren
Material: alte Bücher, Packpapier, Klebeband, Temperafarbe, Pinsel, Becher, Wachsmalfarbe oder Filzstifte

James Rizzi hat sowohl für ein Wörterbuch als auch für ein Lexikon den Einband entworfen. Die Kinder gestalten den Einband eines Buches.

Mithilfe eines Erwachsenen binden die Kinder alte Bücher in eine Hülle aus Packpapier.

- Sie legen das Buch auf das ausgerollte Papier, klap-pen es auf und umfahren es mit einem Bleistift in einem Abstand von 3 cm (größer als das Buch) zu den Rändern.
- Das so entstandene Rechteck schneiden sie aus.
- Auf das Rechteck legen die Kinder mittig zentriert das aufgeklappte Buch.
- Die Ecken des Packpapiers schneiden die Kinder diagonal ab.
- Am Bruchfalz oben und unten machen sie je zwei Einschnitte bis zum Buchrücken in das Papier.
- Das nach allen Seiten überstehende Papier klappen die Kinder in einer Briefumschlagfaltung nach innen.
- Sie fixieren es mit Klebeband: zuerst auf der Vor-derseite, dann das Buch zuklappen und an der Rückseite wiederholen, wobei das Buch leicht ge-öffnet sein sollte, da sonst das Packpapier später zu fest gespannt ist.
- Die überstehenden Papierstücke am Bruchfalz oben und unten abschneiden oder nach innen klappen.

Fertig ist der neutrale Bucheinband.
Nun bemalen die Kinder das Cover des Buches in bunter poppiger Rizzi-Manier.

Tipp

Auf dem Cover kann man ruhig erkennen, um wel-ches Buch es sich handelt. So können auch alte Lieder- und Märchenbücher wieder ein neues Kleid erhalten.

Flugzeuge nach Rizzi-Manier

Alter: ab 5 Jahren
Material: Kopierpapier, Faltanleitung, Filzstifte

Zur Feier des 40jährigen Bestehens der Firma Condor im Jahr 2006 erhielt Rizzi den Auftrag, die Außenflächen der Boeing 757 als „Rizzi-Bird" zu gestalten.

Die Kinder nehmen auf diesen Auftrag Bezug und falten eines der gezeigten Papierflugzeuge. Sie suchen sich ein Modell aus und befolgen beim Falten die einzelnen Schritte, damit ihr Flugzeug später auch flugtauglich ist. Anschließend bemalen sie die Flugflächen ihrer Boeing 757 in farbenfrohem Rizzi-Stil. Dann kann die 757 starten. Welche Boeing wird wohl am fröhlichsten durch die Luft fliegen?

Tipp
Das Faltpapier kann auch vor dem Falten gestaltet und bemalt werden.

Variante
Viele unterschiedliche Flugzeuge in einem Mobile vereint sorgen im Zimmer für bewegte Abwechslung!

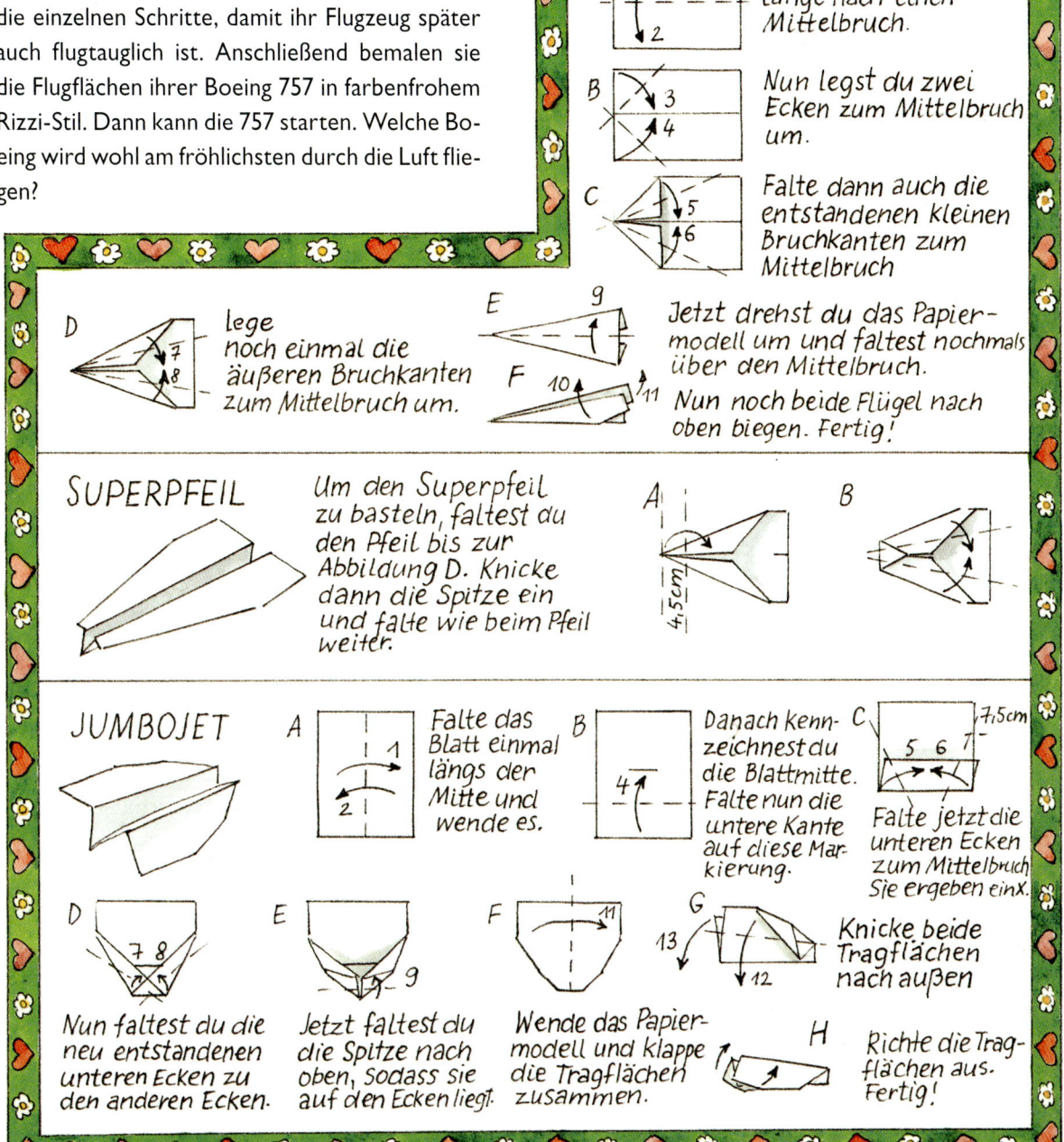

PFEIL

A   Falte in dein Blatt der Länge nach einen Mittelbruch.

B   Nun legst du zwei Ecken zum Mittelbruch um.

C   Falte dann auch die entstandenen kleinen Bruchkanten zum Mittelbruch

D   lege noch einmal die äußeren Bruchkanten zum Mittelbruch um.

E   Jetzt drehst du das Papiermodell um und faltest nochmals über den Mittelbruch.

F   Nun noch beide Flügel nach oben biegen. Fertig!

SUPERPFEIL
Um den Superpfeil zu basteln, faltest du den Pfeil bis zur Abbildung D. Knicke dann die Spitze ein und falte wie beim Pfeil weiter.

A   4,5 cm

B

JUMBOJET

A   Falte das Blatt einmal längs der Mitte und wende es.

B   Danach kennzeichnest du die Blattmitte. Falte nun die untere Kante auf diese Markierung.

C   7,5 cm   Falte jetzt die unteren Ecken zum Mittelbruch. Sie ergeben ein X.

D   Nun faltest du die neu entstandenen unteren Ecken zu den anderen Ecken.

E   Jetzt faltest du die Spitze nach oben, sodass sie auf den Ecken liegt.

F   Wende das Papiermodell und klappe die Tragflächen zusammen.

G   Knicke beide Tragflächen nach außen

H   Richte die Tragflächen aus. Fertig!

Rizzis New York

Alter: ab 5 Jahren
Material: leere Spaghettischachteln, Temperafarbe, Pinsel, Becher, dicke Pappe, Kleber, Schere

James Rizzi lässt sich von seiner Heimatstadt New York sehr häufig inspirieren. In zahlreichen Bildern nehmen Wolkenkratzer Gestalt an und bilden eine bunte Skyline (= Silhouette einer Stadt). Die Kinder lassen sich ebenfalls von New York anregen und bauen eine poppig bunte Wolkenkratzerstadt.

Rizzis New York ist frisch, bunt und poppig. Seine Häuser haben Gesichter, die so aussehen, als würden sie lachen, weinen, schreien oder toben. Daran sollten sich die Kinder beim Bemalen der Häuser orientieren. Wie sehen die Gesichter dieser Häuser aus?
Die Kinder wählen leere Spaghettischachteln aus und bemalen sie mit Temperafarbe. Decken die Far-

ben den Aufdruck nicht genügend ab, bekleben sie die Schachteln mit weißem Papier und bemalen sie anschließend. Sind die Schachteln getrocknet, erhalten die Wolkenkratzer zahlreiche kleine Fenster. Die bunten Hochhäuser kleben die Kinder mit ihrer Schmalseite hoch stehend auf die dicke Pappe auf. So entsteht ein New Yorker Straßenzug oder gar eine kleine Hochhauslandschaft, wie sie in den Bildern von Rizzi immer wieder vorkommen. Die Kinder können diese Szenerien noch weiter mit Straßen, Bäumen, Schildern usw. ausgestalten.

Variante
Statt die bemalten Spaghettischachteln stehend mit ihrer Schmalseite auf die Pappe zu kleben, können die Kinder sie auch auf ihrer Breitseite liegend direkt auf den Karton aufkleben. So entsteht ein reliefartiges Skyline-Bild im Stil von Rizzi. Den Hintergrund malen die Kinder anschließend aus.

Bilder werden lebendig

Alter: ab 6 Jahren
Material: 2 leere Toilettenpapierrollen, Zeichenpapier, Klebeband, Filzstifte, Schere, 1 Schachtel (in
welche die Toilettenpapierrollen hochkant hineinpassen)

Für ein Video der Band „Tom Tom Club" wurden Zeich-
nungen von James Rizzi lebendig. Kinder können die Ani-
mation ihrer Bilder bei einem Tischrollkino erleben.

Der Film

Die Kinder schneiden sich Papierstreifen zurecht,
die so hoch sind wie die Toilettenpapierrollen. Die
Streifen kleben die Kinder mit Klebeband zu einem
langen Papierstreifen aneinander. Für einen ganz langen Film brauchen sie viele Papierstreifen. Diesen
Papierstreifen bemalen die Kinder mit kleinen Szenen und Motiven. Gerne können auch Bildstreifen
mehrerer Kinder zu einem langen Bildstreifen
miteinander verbunden werden. Anschließend
kleben die Kinder jeweils ein Ende ihres Pa-
pierstreifens an eine Toilettenpapierrolle und
das andere Ende an die andere. Die Rollen dienen als Filmrollen, auf welche die Kinder den
Film aufrollen.

Das Kino

In den Boden der Schachtel schneiden die Kinder ein
Fenster, das nicht höher ist als die Toilettenpapierrollen. So entsteht der Bildschirm, durch welchen
später der gezeichnete Film sichtbar wird. Die Kinder malen nun ihr kleines Kino außen peppig bunt
an.
Damit die Filmrollen in der Schachtel Halt finden,
schneiden sie zwei Schlitze in die beiden langen Schachtelwände gegenüberliegend ein (s. Zeichnung). Sie führen nun die beiden Filmrollen.

Die Vorführung

Bei der Filmvorführung rollen die Kinder den Film
von einer Filmspule auf die andere.
Was wird auf dem Film wohl zu sehen sein – ein Märchen, eine Zirkusvorstellung, ein Besuch im Zoo
oder ein Laternenumzug?

Schneide zwei
Schlitze in die
beiden langen
Schachtelwände
ein.

Toiletten-
papierrollen

DAS KINO

zusammen-
geklebte
Papierstreifen

Telefonkarte im Rizzi-Design

Alter: ab 6 Jahren
Material: 1 Streichholzschachtel pro Kind, Zeichenpapier, Schere, Kleber, Filzstifte

James Rizzi entwirft Telephonkarten für die amerikanischen Telefongesellschaften Amerivox und Teleworld. Da Kinder gerne häufig telefonieren, gestalten sie sich Telefonkarten, die sie gezielt einsetzen, um telefonieren zu dürfen. Diese besondere und ausgefallene Telefonkarte berechtigt dazu, siebenmal in der Woche eine Person nach Wahl anzurufen. Dazu stellen sich die Kinder Telefonkarten aus. Sie erhalten wie Rizzi den Auftrag, ein Telefonkartenleporello zu gestalten, in welchem an jedem Tag für eine bestimmte Person eine Telefonkarte zur Verfügung steht. Auf jeder Telefonkarte muss dargestellt werden, für wen die Telefonkarte eingesetzt werden soll.

Die Kinder schneiden einen Papierstreifen zu, der so breit ist wie die Streichholzschachtel und 42 cm lang. Sie falten ihn im Zickzack zu einem Fächer. Jede Faltung ist so breit wie die Streichholzschachtel lang. So entstehen verschiedene Seiten, von denen jede eine Telefonkarte darstellt. Die Kinder bemalen die einzelnen Seiten beliebig und schreiben deutlich darauf, zu welchem Telefonat (Oma, Freundin, Onkel, Tante usw.) sie diese Telefonkarte an einem beliebigen Tag in einem festgelegten Zeitraum und für wie lange berechtigt. Dann kleben sie den Papierstreifen zusammengefaltet mit der Rückseite in die Streichholzschachtel. Sie ist jetzt die Telefonschatzkiste der Kinder, die diese natürlich ebenfalls noch poppig bunt bemalen.

Das Telefonleporello funktioniert wie ein Metermaß und beginnt beim ersten Bild in der Schachtel. Die Telefonschatzkiste passt in jede Hosentasche und kann jederzeit eingesetzt werden. Jedoch an jedem Tag nur für die Person, auf welche die nächste Karte ausgestellt ist. Sobald sie verbraucht ist, wird sie abgeschnitten.

Bobbycar-Design

Alter: ab 5 Jahren
Material: altes Bobbycar (evtl. anderes größeres Plastikfahrzeug), Kleister, Deckmalfarbe, Pinsel, Becher, Zeitungs- oder Packpapier, Schüssel, Schneebesen, weiße Abtönfarbe, schwarze Wachsmalstifte, Deckmalfarbe

Für die Produktion der Big-Spielwarenfabrik entwarf Rizzi das Outfit eines Spielzeugautos.

Auf dem Flohmarkt findet sich sicher ein altes Bobbycar oder ein anderes größeres Plastikfahrzeug. Dieses Plastikauto überkleben die Kinder mit Kleister und Packpapier. Dazu rühren sie den Kleister entsprechend der Verpackungsbeschreibung an. Sie reißen das Packpapier in Papierfetzen, tauchen diese in den Kleister und legen sie dachziegelartig übereinander auf das Auto, bis von der bisherigen Farbe nichts mehr zu sehen ist. Ist die Papierkleisterschicht getrocknet, grundieren sie die getrocknete Kleisterschicht weiß. Dann beginnen die Kinder damit, das Outfit des Autos zu gestalten. Jetzt kommt Farbe ins Spiel. Wie soll das poppige Auto aussehen? Blau, rot, grün, gepunktet, mit Herzen und Blümchen, mit Schmetterlingen und Marienkäfern? Die Kinder haben sicher eine Vorstellung! Mit einem schwarzen Wachsmalstift malen sie die Konturen der Motive und Muster auf den weißen Grund. Rizzi hat seine Motive auch sehr gerne schwarz umrandet. Danach malen die Kinder alles bunt aus, bis kaum noch eine weiße Stelle zu finden ist.

Variante

Wenn kein altes Bobbycar zur Verfügung steht, können die Kinder auch ein anderes Plastikspielzeug unter der Fragestellung bearbeiten „Wie würde der Gegenstand aussehen, wenn Rizzi diesen gestalten würde?"

Autodesign à la Rizzi

Alter: ab 6 Jahren
Material: Schachteln, Kartons, Bierdeckel, Papprohre, -becher, -teller usw., Kleber, Kleister, Klebeband, Draht, Zange, Reflektoren (oder alte kleine Glühbirnen), Zeitungs- oder Packpapier

Für die Volkswagen AG gestaltete Rizzi drei Modelle des New Beetle. Die Kinder erhalten auch die Möglichkeit, ihr Traumauto zu entwerfen.

Jedes Kind baut sich aus Kartons, Papprohren, Schachteln, Papptellern, Bierdeckeln usw. sein eigenes Traumauto zusammen. Die Kinder fügen die verschiedenen Teile aneinander und fixieren sie mithilfe eines Erwachsenen mit der Klebepistole. (Natürlich können die Kinder sie auch mit normalem Kleber miteinander fixieren. Doch mit der Heißklebepistole geht es schneller und das Automobil wird stabiler.) Anschließend überziehen die Kinder ihr Autogerüst mit in Kleister getauchtem Zeitungs- oder Packpapier, bis vom Gerüst nichts mehr zu sehen ist. Je mehr Papierschichten übereinander aufgetragen sind, desto stabiler ist das Auto. Anschließend malen die Kinder ihr Auto farbenfroh und mit vielen Details an.

Hinterglasmalerei nach Rizzis Vorbild

Alter: ab 6 Jahren
Material: 1 CD-Hülle pro Kind, Wattestäbchen, Glühlampenlack oder Aquamagicfarben (beide aus dem Bastelbedarf), spitzer Gegenstand (z. B. Strick-, Stopfnadel), evtl. filigrane Naturmaterialien (z. B. Gräser), Nylonfaden, transparentes Klebeband

Für die Firma BMG/Ariola entwarf Rizzi CD-Hüllen. Die CD-Hüllen, die die Kinder gestalten, werden jedoch entfremdet und zu kleinen Fensterbilder umfunktioniert.

Jedes Kind erhält eine CD-Hülle und klappt sie auf. Mit Wattestäbchen tragen die Kinder Glühlampenlack oder Aquamagicfarben auf eine Seite der CD-Hülle auf. Für jede Farbe verwenden sie eigene Wattestäbchen, so dass die Farben nicht verunreinigt werden. Sie können Motive malen oder aber einfach nur die Farben bunt nebeneinander auf die transparente Hülle auftragen. Schnell ist die Farbe getrocknet und jedes Kind hat die Möglichkeit, mit einem spitzen Gegenstand Motive in die Farbe einzuritzen. Die Kinder verschließen die Hülle, befestigen auf der Rückseite mit transparentem Klebeband einen Nylonfaden und hängen ihre CD-Hülle an die Fensterscheibe. Dort können sie nun die bunte Vielfalt der Fensterbilder bewundern.

Variante

Einen schönen Effekt ergeben auch filigrane Naturmaterialien wie Gräser, welche die Kinder zusätzlich in die Hülle hineinlegen. Sie wirken im Licht wie Schattenbilder in bunter Umgebung.

CD-Hüllen mit Hinterglasmalerei

Alter: ab 5 Jahren
Material: 1 CD-Hülle pro Kind, weißer Karton, wasserfeste Filzstifte, Plakafarben, Gold- oder Silberfolie, spitzer Gegenstand

Auf Rizzis Spuren verwandeln die Kinder ein CD-Cover in ein Hinterglasmalbild.

Die Kinder legen die geöffnete CD-Hülle auf weißes Papier. Mit Filzstiften bemalen sie die Plastikhülle von innen. Ist die Zeichnung beendet, übermalen sie ihre Zeichnungen vollständig mit Plakafarbe. Das ursprüngliche Bild ist nun nicht mehr sichtbar. Ist die Farbe getrocknet, können die Kinder in die Plakafarbe mit einem spitzen Gegenstand Muster oder Motive einritzen. So ist nicht mehr die gesamte Fläche mit Farbe bedeckt. Legen die Kinder nun noch eine Schicht Goldfolie oder Silberfolie darüber, entsteht dadurch ein interessanter Effekt. Wer besonders vorwitzig ist, hat

sicherlich bereits nachgesehen, wie das CD-Cover aussieht. Dazu drehen die Kinder das Cover um, denn Hinterglasmalerei ist ein Malen von vorne nach hinten!! Eine spannende Sache!!! Na, wie sehen die Cover aus?

Ein Rizzi-Haus

Alter: ab 5 Jahren
Material: 1 riesiger Karton (z. B. von einem Kühlschrank), viele Schachteln, Kartons und Papprollen, Heißklebepistole, Temperafarben, Pinsel, Becher

In Braunschweig entstand 2001 nach Entwürfen von James Rizzi ein bunt bemaltes Rizzi-Haus. Natürlich handelt es sich dabei, wie bei fast allen seinen Häusern, um einen farbenfrohen Hochhauskomplex. Rizzis Häuser sind lebendig, sie scheinen sich zu bewegen und zeigen menschenähnliche Gesichter.

Die Kinder stellen gemeinsam den großen Karton auf. Sie diskutieren, ob das Haus ein frohes, wütendes, lustiges, gut gelauntes oder trauriges Haus werden soll. Wie sehen nach Meinung der Kinder solche Häuser aus? Wie lassen sie sich in die Tat umsetzen? Die Kinder stimmen ab, welche Stimmung das Rizzi-Haus vermitteln soll und überlegen dann gemeinsam, wie sie ihre gewählte Stimmung durch Aufkleben und Anmalen umsetzen können. Außerdem bauen sie das Haus zu einem wirklich hohen Wolkenkratzerhaus aus. Sie gestalten mit weiteren Schachteln, Kartons oder anderen Materialien das Hochhaus in Rizzi-Manier. Gemeinsam mit einem Erwachsenen kleben sie die Teile, die sie für notwendig halten, mit Heißklebepistole auf oder an den Karton. Anschließend bemalen die Kinder ihren Rizzi-Wolkenkratzer.

Tipp

Vor lauter Begeisterung beim Hausbau die Tür nicht vergessen und beim Anmalen auch an die vielen Fenster eines Hochhauses denken.

Bühnenbild mit Tiefenwirkung

Alter: ab 6 Jahren
Material: 6 gleich große Bögen dünnere Pappe, Bunt-, Filz- oder Wachsmalstifte, Schere, Kleber

James Rizzi gestaltete ein Bühnenbild in Zusammenarbeit mit dem Aktionstheater Tollwood: „Global Village – die ganze Welt passt in meinen Kopf und somit auf ein Bild“. Auch die Kinder fertigen ein Modell für ein Bühnenbild mit folgendem Thema: „James Rizzi lebt in New York". Das Bühnenbildmodell lässt sich, wenn die Kinder es im Postkartenformat erbauen, auch als Postkarte verwenden.

- Den ersten Bogen bemalen die Kinder großflächig mit allem, was im Hintergrund, also weit weg ist, z. B. Berge, Hügel, Himmel, Wald, untergehende Sonne, Hochhäuser.
- Den zweite und dritten Bogen können die Kinder anmalen, müssen sie jedoch nicht, denn sie dienen

später nur der Tiefenwirkung. Diese Bogen falten sie im Zickzack zu jeweils einem Fächer.

- Den vierten Bogen malen die Kinder mit dem Mittelgrund aus, z. B. Zaun, Wiese, Blumen, Baum, Autos, Busse, Menschen usw. Von diesem Bild schneiden die Kinder alles weg, was unbemalt ist.
- Die Kinder kleben die Zickzackfaltungen rechts und links an das Hintergrundbild.
- Den zugeschnittenen Bogen mit dem Mittelgrund des Bühnenbildes kleben die Kinder in die Zickzackfaltung ein. Nun ist ein Bühnenbild mit Hintergrund und Mittelgrund entstanden. Die Zickzackfaltungen verbinden diese Teile miteinander.
- Den fünften Bogen gestalten die Kinder mit Personen aus. Sie malen, so wie es ihnen eigen ist, als Standlinienbild mehrere Personen und/oder Tiere stehend oder sich bewegend als Reihungsbild nebeneinander. Dann schneiden sie alles, was unbemalt ist, aus dem Bild heraus. Diese Szene kleben

die Kinder an das vordere Ende der Zickzackfaltungen.

Das Bühnenmodell ist fertig. Es lässt sich sogar ganz flach machen oder komplett ausziehen.

Tipp

Wollen die Kinder noch einen weiteren Mittelgrund gestalten, lässt sich dieser jederzeit in das Zickzackband einfügen.

Riesenspeisekarte

Alter: ab 5 Jahren
Material: 1 großer weißer Karton, Temperafarben, Pinsel, Becher, Klebeband; evtl. die Lebensmittel, die abgebildet werden sollen, als Vorlagen

Für Dennys Restaurants in Japan entwirft Rizzi die Speisekarten. Oftmals personifiziert Rizzi Gegenstände: Häuser, Obst und Gemüse erhalten in seinen Bildern Gesichter. Eine Speisekarte für ein (eventuell bevorstehendes) gemeinsames gesundes Frühstück wäre sicherlich für die Kinder ein schöner Arbeitsimpuls; besonders dann, wenn sie Obst und Rohkostprodukten Gesichter aufmalen dürfen.

Die Kinder gestalten gemeinsam eine Bildspeisekarte. Statt zu schreiben, malen sie das, was es beim nächsten gesunden Frühstück zu essen gibt, auf den Karton. Dabei bilden sie die Gegenstände genau so groß ab, wie sie tatsächlich sind. Ganz gleich ob Brot, Vollkornbrötchen, Apfel, Tomate, Paprika oder Möhre. Wenn möglich, liegen die Lebensmittel, die abgebildet werden sollen, den Kindern „Modell", damit sie neben dem Aussehen auch die unterschiedlichen Größen und Proportionen erkennen können. Jede Abbildung erhält ein Gesicht. Was wird wohl noch so alles auf dem Speiseplan stehen?

Haben die Kinder ihre Produktpalette gestaltet, malen sie den Hintergrund in einer Farbe aus. Ist die Speisekarte fertig, wird sie mit Klebeband an der Tür zum Speiseraum fixiert. So können die Kinder schon Tage zuvor sehen, was es alles Leckeres zu essen gibt. In einem goldenen Rahmen wirkt die Speisekarte wie eine Speisekarte *de luxe*.

Kunstvolles Kochbuch

Alter: ab 5 Jahren
Material: viele verschiedene Rezepte der Kinder, Kopierpapier, Schnellhefter, Temperafarbe oder Wachsmal-, Filz- oder Buntstifte

James Rizzi veröffentlichte 1996 „Mein New York Kochbuch". Die Kinder erstellen ein Kochbuch in Rizzi-Manier bestehend aus ihren Lieblingsspeisen.

Jedes Kind überlegt sich sein Lieblingsgericht und erfragt zu Hause das Rezept davon. Es bittet die Eltern, dieses Rezept aufzuschreiben. Die unterschiedlichen Rezepte finden Platz in einem Schnellhefter. Jedes Kind malt für sein Gericht eine entsprechende Illustration und heftet sie dazu. Wie sehen Spaghetti mit Tomatensoße aus?

Tipp
Viel Spaß macht es, nacheinander die unterschiedlichen Rezepte zusammen mit den Kindern auszuprobieren.

Festplakate

Alter: ab 5 Jahren
Material: Stift, Zettel, Filzstifte, Wachsmalstifte, Temperafarbe, Wasser, Pinsel, Zeichenkarton DIN A3

Für verschiedene Veranstaltungen, z. B. das Jazz Festival in Montreux, entwarf Rizzi Plakate. Es gibt viele verschiedene Situationen und Anlässe, die Plakate erfordern, z. B. Sommerfest, Weihnachtsfeier, Geburtstagsfest, Grillparty, Frühlingsfest, Adventfeier, Erntedankfest usw.

Die Kinder besprechen gemeinsam, welche Feste in der Einrichtung gefeiert werden, was typisch für das jeweilige Fest ist und was zu diesem Fest dazugehört. So werden die Festinhalte geklärt. Anschließend darf sich jedes Kind ein Fest auswählen, zu dem es ein Plakat gestalten möchte. Es erhält einen Zeichenkarton DIN A3. Darauf stellen die Kinder ihre Assoziationen zu diesem Fest dar. Diese Bilder werden übers Jahr zu Plakaten gestaltet. Zu den entsprechenden Anlässen werden sie zusätzlich beschriftet, mehrfach farbig kopiert und aufgehängt. Die Kinder sind sicherlich stolz, wenn ihr Bild irgendwann im Jahr mehrmals in ihrer Umgebung als offizielles Hinweisplakat zu finden ist.

Niki lässt die Nanas tanzen: Niki de Saint Phalle (1930–2002)

Von Schießbildern zu prallen Frauenfiguren

Niki de Saint Phalle im Tarot-Garten, © 1999 by Niki de Saint Phalle und Giulio Pietromarchi, Benteli Verlag, Bern

Niki wurde 1930 im französischen Neuilly-sur-Seine, einem Vorort von Paris, als Cathérine Marie-Agnès Fal de Saint Phalle geboren. Erst später gab ihre Mutter ihr den Namen Niki. Sie war das Kind einer wohlhabenden Amerikanerin und eines Franzosen, der einem französischen Adelsgeschlecht entstammte. Bedingt durch den Krieg pendelte ihre Familie zwischen Frankreich und den USA. Schon Nikis Geburt stand unter einem schlechten Stern: Sie hätte sich beinahe mit ihrer Nabelschnur er-

würgt, die zweimal um ihren Hals gewickelt war. Niki durchlebte eine schwere, ungeliebte Kindheit. Der eigene Vater vergewaltigte die Elfjährige. Hinzu kam eine strenge moralische Erziehung, die Niki als gewalttätig, verlogen und erstickend erlebte. Schon in der Klosterschule, welche sie besuchte, rebellierte sie. Nach ihrem Abitur arbeitete sie als Fotomodell, heiratete mit 18 Jahren und brachte 1951 ihre Tochter Laura und 1955 ihren Sohn Philip zur Welt. In der Frauen- und Mutterrolle fühlte sie sich jedoch nicht wohl und beschloss, eine Schauspielschule zu besuchen. Sie war hin- und hergerissen zwischen Familienpflichten, Selbstverwirklichung und dem, was sie in ihrer eigenen Kindheit erlebt hatte. Die Folge war ein psychischer Zusammenbruch. In der Therapie riet man ihr zu malen. Damit war der erste Schritt ihres autodidaktischen künstlerischen Schaffens getan. In ihren Bildern verarbeitete sie ihre Kindheit, Jugend, Erziehung und setzte sich mit der Rolle der Frau in der Gesellschaft auseinander. Im Jahr 1955 lernte Niki den französischen Künstler Jean Tinguely und seine Künstlerfreunde kennen. Durch diese Begegnungen wurde Niki zu weiterem künstlerischen Gestalten und Ausdruck angeregt. Sie hoffte, sich mit Schießbildern aus der Vorherrschaft der Männer befreien zu können. Dazu wurden Gegenstände mit Nägeln und Gips auf Holzbrettern befestigt und Farben in Plastiktüten oder Dosen gefüllt. Die Tüten und Dosen wurden mithilfe von Pfeilen oder Gewehren angeschossen. Die Farbe spritzte aus ihren Behältern heraus und brachte das Bild zum Bluten. So entstand das Bild oder die Skulptur während dieses kurzen Prozesses des Schießens vor den Augen der Zuschauer. Doch es blieb nicht bei ihren Schießbildern. Immer wieder beschäftigte sie sich mit der Rolle des Mädchens und der Frau. Diese nicht anerkannte Rolle der Weiblichkeit machte Niki zornig und depressiv zugleich. Über verschiedene Etappen ihres Schaffens versuchte sie, die Rolle der Frau für sich zu definieren und gelangte dabei zu ihren bekanntesten Figuren – den Nanas. Sie bewegen sich trotz ihrer Fülle leicht. Sie scheinen zu tanzen. Sie sind kunterbunt und mit vielen Einzelheiten bemalt. Sie symbolisieren die Urweiblichkeit, die Frau als Ursprung des Lebens. Sie stehen für Lebensfreude, Geborgenheit und Vertrauen. Zwar lösten die Nanas überall dort, wo sie in der Öffentlichkeit aufgestellt wurden, gegensätzliche Diskussionen aus, doch sie verhalfen Niki zu ihren größten Erfolgen und begleiteten sie auf ihrem weiteren künstlerischen Weg. Niki gestaltete ihre Nanas anfangs aus Gips. Ihr größter Wunsch war jedoch, dass die Figuren wetterfest im Freien stehen können. Das Material, Polyester, das ihr die-

sen Wunsch erfüllte, ist leider sehr gesundheitsschädlich. Dies musste Niki am eigenen Körper erleiden, denn sie wurde so krank, dass sie nur noch mit Atemmaske arbeiten konnte. Dennoch ließ sie sich von ihrer Arbeit an den kunterbunt bemalten Nanas nicht aufhalten. Überall auf der Erde findet man Nikis Nanas. In Italien hat Niki gemeinsam mit Jean Tinguely den Tarot-Garten gestaltet. Er befindet sich unweit der Staatsstraße von Pisa nach Rom und richtet sich mit seiner Farbenfreudigkeit und Verspieltheit gegen ein gegenüber liegendes Atomkraftwerk, das nun stillgelegt ist. Niki errichtete diesen Garten gemeinsam mit Jean Tinguely und vielen Helfern ohne jeglichen Auftrag auf geschenktem Land. Riesige begehbare und bewohnbare Skulpturen beherrschen das großflächige Terrain. Es handelt sich hier um Nikis außergewöhnliche Interpretation der Trümpfe der Tarotkarten, einem alten Kartenspiel, das zu spekulativen Deutungen dient. Die Kämpfernatur Niki benutzte sie zur Kritik an der Trennung zwischen Technisierung, Natur und Mensch – und freute sich sehr über die Stilllegung des Atomkraftwerkes. 2002 starb Niki de Saint Phalle mit 71 Jahren an einem Lungenemphysem.

Niki de Saint Phalle, **Black Nana,** 1968–69,
© VG Bild-Kunst, Bonn, 2007

Kinder erleben die Arbeitsweise von Niki de Saint Phalle

Gipspistolenbilder

Alter: ab 5 Jahren
Material: Holzplatte, Gips, Fundstücke vom Schrottplatz oder vom Sperrmüll, Temperafarbe, Wasser, Wasserpistole, alte Kleidung oder Malkittel, evtl. Raufasertapete, Klebeband oder große Steine

Zu Beginn ihrer Künstlerkarriere fertigte Niki sogenannte Schießbilder an. Sie wollte sich mit diesen Schießbildern von ihrer Wut und ihrem Zorn über Erlebnisse ihrer Kindheit befreien. Dabei schoss sie nicht auf Menschen, sondern mit Farben auf Bilder und von ihr vorbereitete Reliefs.

- Die Kinder gipsen die Fundstücke auf einer Holzplatte zu einem Relief ein.
- Am nächsten Tag stellen sie die Holzplatte im Freien auf.

- Die Temperafarbe verdünnen sie mit Wasser und füllen sie in die Wasserpistolen ein.
- Dann bespritzen die Kinder mit den mit Farbe gefüllten Wasserpistolen ihre vorbereiteten Reliefs.

Ebenso wie bei Niki de Saint Phalle geht es bei dieser Aktion mehr um die Freude am Prozess als um das Endprodukt. Dennoch entstehen interessante Werke, wenn die Farbe sich über die eingegipsten Fundstücke ergießt.

Variante

Für jüngere Kinder genügt es, eine große Fläche mit Raufasertapete auszulegen und diese am Boden mit Steinen oder Klebeband zu fixieren. Diese große Leinwand bespritzen die Kinder mit Farbe gefüllten Wasserpistolen.

Quirlige Frauenfiguren aus Fimo

Alter: ab 5 Jahren
Material: Fimo in Weiß oder Schwarz, bunte Fimo-Reste, Holzbrett, Backblech, Anstecknadel, Sekundenkleber; evtl. Knete, evtl. Ton

Die Nanas von Niki de Saint Phalle sind herrlich bunte Frauenfiguren, die sich tänzerisch und quirlig in ihrer Umgebung zu bewegen scheinen. Niki hat sie in allen Größen und Variationen geschaffen. Kinder stellen kleine Nanafiguren aus Fimo her, welche sie später als Anstecknadel tragen können.

Die Kinder verwenden für den Körper schwarzes oder weißes Fimo. Auch Niki hat für ihre Nanas Weiß oder Schwarz als Grundfarbe gewählt. Die Kinder kneten das Fimo geschmeidig und formen daraus eine kleine mollige Nanafigur mit dicken Oberarmen, dicken Oberschenkeln und wohl geformten Brüsten. Anschließend dekorieren die Kinder ihre Nana mit buntem Fimo-Muster aus. Dazu modellieren sie Herzen, Blümchen, Pünktchen usw. Sie drücken diese auf die modellierte Figur, um sie dort zu fixieren. Die fertigen Figuren legen die Kinder auf ein Blech und backen sie im Backofen, wie es die Verpackungsbeschreibung vorgibt, um sie zu härten. Sind die Figuren hart, befestigen die Kinder mithilfe eines Erwachsenen auf der Rückseite mit Sekundenkleber die Anstecknadel. Ist der Kleber ausgehärtet, stecken sich die Kinder ihre Nanas an ihre Kleidung.

Variante 1
Wenn die Kinder keine Anstecknadeln herstellen, sondern nur kleine bunte mollige Nanas modellieren wollen, genügt auch Knete.

Variante 2
Geht es nur um das einfache modulierende Erfassen der Nana-Körper, genügt auch Ton, um daraus kleine Nanas herzustellen.

Papier-Draht-Gerüst zur Gestaltung einer Nana

Alter: ab 6 Jahren
Material: Draht, Zeitungspapier, Zange

Für ihre Lieblingsfiguren musste Niki zuvor immer ein großes Drahtgerüst bauen.

Mithilfe von Draht und Papier bauen die Kinder ein Gerüst. Dazu formen sie aus Zeitungsbogen jeweils zwei „Würste". Eine Wurst ist ungefähr 25 cm lang, die andere 15 cm. Die beiden Würste verbinden die Kinder mit Draht so miteinander, dass der Oberkörper mit Kopf sowie zwei Arme und zwei Beine entstehen. Aus der langen Papierwurst formen sie durch

einen Knick in der Mitte die Beine. Legen die Kinder die kleinere Papierwurst ungefähr 3 cm unterhalb des Knicks auf die Beine, entstehen so beim Fixieren mit Draht Kopf und Arme. Die Kinder umwickeln alles fest mit Draht. Dann bauen sie mithilfe von Zeitungsknäueln verschiedene Körperstellen wie Po, Busen, Oberarme und Oberschenkel weiter aus. Auch hier müssen die Kinder das Zeitungspapier immer wieder mit Draht fest umwickeln, damit die Einzelteile aneinander Halt finden. Dieses Drahtgerüst lässt sich nun mit verschiedenen Materialien überziehen. Dazu finden sich in den folgenden Angeboten unterschiedliche Anregungen.

PAPIER-DRAHT-MODELL

① Draht Zeitungspapier ② ③

Nanas aus Pappmaché

Alter: ab 6 Jahren
Material: Kleister, unbeschichtetes Papier aller Art (Kopierpapier, buntes Kopierpapier, Geschenkpapier, Packpapier usw.), Papier-Draht-Gerüst (→ S. 34)

Niki überzog ihre Gerüste aus Draht mit verschiedenen Materialien, z. B. mit weißen Plastik- oder Gipsbahnen. Danach erst konnte sie ihre Figuren bunt bemalen. Ein solches Material kann für die Kinder Kleisterpapier sein.

Die Kinder überziehen ihre Papier-Draht-Gerüste mit buntem Kleisterpapier. Dazu rühren sie den Kleister entsprechend der Verpackungsbeschreibung an. Das Papier zerreißen sie in viele kleine Schnipsel. Diese tauchen die Kinder in Kleister, legen sie auf das Gerüst auf und streichen das Kleisterpapier glatt. Die Kinder legen die Papierfetzen dachziegelartig übereinander, bis nichts mehr vom Papier-Draht-Gerüst zu sehen ist.

Nanas aus Gipsbinden

Alter: ab 6 Jahren
Material: Papier-Draht-Gerüst (→ S. 34), 1 Gipsbinde, Schere, Schüssel mit Wasser, Temperafarbe, Pinsel, Filzstifte; evtl. großer Drahtreifen, Nadel, stabiler Faden

Niki arbeitete häufig mit Gipsbinden, um ihre Papier-Draht-Gerüste zu verkleiden.

Die Gipsbinde schneiden die Kinder in 5 cm breite Stücke. Sie tauchen diese Stücke nacheinander einzeln in Wasser und legen sie auf das vorbereitete Papier-Draht-Gerüst auf. Sie streichen die Gipsschnipsel glatt und legen dachziegelartig den nächsten über den ersten. Es empfiehlt sich, etwa drei Gipsschichten übereinander aufzutragen, um Stabilität zu gewährleisten. Ist der Gips nach mehreren Stunden getrocknet, können die Kinder ihre Nana-Figuren mit bunten Blumen, Herzen oder anderen Mustern bemalen.

Nana-Mobile

Gemeinsam erstellen die Kinder mit allen bunten Gips-Nanas ein wunderschönes Mobile. Dazu stechen sie mit einer Nadel durch den Gips der einzelnen Nanas, führen einen bunten Faden durch das Loch und hängen sie an einem Reifen auf.

Badeanzüge für Nanas

Alter: ab 5 Jahren
Material: großes Zeichenpapier (DIN A2), Klebeband, Bunt- und Filzstifte
Vorbereitung: Die Erzieherin bereitet für jüngere Kinder mehrere Nana-Schablonen aus Pappe in verschiedenen Körperhaltungen und Größen vor.

Nikis Nana-Figuren tragen alle einen bunten Badeanzug, den sie liebevoll und farbenfroh für jede Nana anders gestaltet hat.

Die Kinder gehen in Vierergruppen zusammen. Sie fixieren das Zeichenpapier mit Klebeband am Tisch und nehmen um den Tisch herum Platz. Jedes Kind malt von seiner Seite aus Umrisse von Nanas in verschiedenen Körperhaltungen und Größen. Danach tummeln sich ganz viele verschiedene Nanas unbekleidet auf dem Zeichenpapier herum. Jetzt statten die Kinder die vielen Nanas mit bunten, farbenfrohen Mustern und Motiven aus.

Sind die Kinder mit dem Design aller Badeanzüge und Bikinis fertig, malen sie gemeinsam den Hintergrund blau aus. Schon bewegen sich die Nanas lebendig im Schwimmbecken.

Variante
Jüngere Kinder umfahren vorbereitete Nana-Schablonen aus Pappe und übertragen sie so auf das Papier.

Bunte Kleider für dralle Frauen

Alter: ab 5 Jahren
Material: großformatiges Zeichenpapier (DIN A2 und größer), Bunt-, Wachsmal- oder Filzstifte

Die frühen Frauenfiguren, die Niki de Saint Phalle gestaltete, waren zwar auch schon mollig, doch trugen sie statt eines Badeanzuges noch Kleider.

Als kleine Modedesigner entwerfen die Kinder Kleidungsstücke, die den Nanas passen würden. Tragen Nanas Röcke, Pullover, Kleider, Hosen oder Jacken? Sicher sind es bunte, blumige, ornamentale Kleidungsstücke (Pullover, Rock, Hose, Kleid). Lassen wir uns von der Vorstellungskraft der Kinder begeistern!

Nana-Girlande

Alter: ab 5 Jahren
Material: Kopiervorlage (s. Abb.), Schere, Pauspapier, Papierstreifen (mind. 60 × 15 cm), Filzstifte

Nur selten tritt eine Nana allein auf. Meist sind sie in einer Installation mit mehreren zusammen. Die Kinder gestalten eine Girlande, die aus vielen tanzenden Nanas besteht.

Die Kinder falten das Papier zu einer etwa 6 cm breiten Ziehharmonika. Sie pausen die Nana so auf das Papier, dass eine Hand am Umbruch liegt. Dort schneiden sie die Hand nicht aus, denn sie stellt das Verbindungsglied zu den anderen Nanas dar. Ist die tanzende Nanakette ausgeschnitten, benötigen alle Nanas noch einen Super-Badeanzug. Den malen die Kinder mit Filzstift.

Tipp
Bei einem Nana-Fest ist die Girlande sicher eine tolle und sehr belebende Dekoration.

Gemalte Riesen-Nana

Alter: ab 5 Jahren
Material: Kissen, Tapetenrolle, Bleistift, Temperafarbe, Pinsel, Wasser, Lappen, Klebeband

Niki de Saint Phalles Nanas sind dick, mollig und kunterbunt, manche sind klein, andere riesengroß.

Die Kinder rollen Tapete aus und schneiden sie in ihrer eigenen Körperhöhe zu. Diese Papierbogen legen sie auf dem Boden aus. Dann stopfen sich die Kinder gegenseitig mit Kissen aus, so dass ihr Leibesumfang etwas anwächst. Anschließend legen sie sich in einer freudigen, tänzerischen Haltung auf ihren Papierbogen. Nun helfen sich die Kinder gegenseitig, um ihre Umrisse mit Bleistift auf die Tapete zu malen. Haben alle ihren Umriss zeichnerisch festgehalten, schneiden die Kinder sich als Nana aus und malen sich einen bunten Badeanzug.
Die großen Nanas fixieren die Kinder dekorativ mit Klebeband an einer leeren Wand.

Gebackene Nana

Alter: ab 5 Jahren
Zutaten für ungefähr 8 Nanas: 225 g Zucker,
1 gestrichener Teelöffel Hirschhornsalz, 750 g Mehl,
300 g Honig, 1 Prise Lebkuchengewürz, 3 Eier,
Margarine zum Einfetten des Backblechs
Zutaten für die Dekoration: 1 Eiweiß, 200 g
Puderzucker, Lebensmittelfarbe, kleine Gefäße,
Schokolinsen, Zuckerperlen, Topf
Material: Kopiervorlage (s. Abb.)
Vorbereitung: Die Kopiervorlage auf etwa 20 cm
Länge vergrößern.

*Sicher hätte Niki de Saint Phalle ihre wahre Freude, wenn
sie sehen könnte, wie aus einem leckeren Teig Nana-Figuren aus Kinderhand entstehen und mit bunten dekorativen Elementen verziert werden.*

- Die Kinder geben Zucker und Honig in einen Topf,
  erwärmen die Masse unter Rühren so lange, bis
  der Zucker schmilzt.
- Mehl, Hirschhornsalz, Lebkuchengewürz und Eier
  vermengen sie in einer Schüssel miteinander und
  kneten anschließend die Zucker-Honig-Masse unter.

- Die Kinder bedecken den Teig mit einem feuchten
  Tuch und lassen ihn zwei Tage bei Zimmertempe-
  ratur ruhen.
- Die Kinder schneiden die vergrößerte Kopie als
  Schablone aus und legen sie auf den ausgerollten
  Teig.
- Die Konturen der Nana umfahren sie mit einem
  spitzen Messer.
- Die ausgeschnittenen Nanas legen die Kinder auf
  ein eingefettetes Backblech und backen die Nanas
  20 Minuten bei 180 °C auf der mittleren Schiene.
- Die Kinder schlagen Eiweiß steif und heben den
  Puderzucker vorsichtig unter. Den Zuckerguss fül-
  len sie in verschiedene Gefäße ab und färben ihn
  mit verschiedenen Lebensmittelfarben ein.
- Mit dem bunten Zuckerguss bemalen die Kinder
  die Nanas und verzieren sie mit Süßigkeiten. Dabei
  gestalten die Kinder sicher tolle Badeanzüge.

Nana – Kopiervorlage

Strawinskys Feuervogel

Alter: ab 5 Jahren
Material: Musik von Igor Strawinsky „Der Feuer-vogel", Buntstifte oder Temperafarben, Pinsel, Wasser; evtl. Kisten und Schachteln, leere Papprol-len, leere Spülmittelflaschen, Kleber, bunte Filzres-te, bunte Papierreste, buntes Krepppapier, Gold- und Silberpapier, Federn, Perlen usw., Schere

Niki de Saint Phalle hat mit ihrem Lebensgefährten Jean Tinguely in Paris den Strawinsky-Brunnen gestaltet. Haupt-figur dieses Brunnens ist der Feuervogel, der die Titelfigur im Musikstück von Igor Strawinsky ist.

Die Kinder lassen sich von dem Musikstück „Der Feuervogel" inspirieren. Sie malen den Feuervogel nach ihrer Vorstellung, die sie sich aufgrund der Mu-sik von ihm machen. Wie mag wohl ein solcher Feu-ervogel aussehen, besteht er aus Flammen? Hat er rote, gelbe oder orange Federn? Wie sieht sein Schnabel aus? Wie groß ist er? Kann er fliegen?

Variante
Statt den Feuervogel zu malen, gestalten die Kinder ihn plastisch. Dazu erhalten sie eine Vielfalt von Ma-terialien, aus welchen sie den Feuervogel dreidimen-sional bauen. Dies geschieht in Einzel- oder aber auch in Gruppenarbeit.

Schuhe für Nanas

Alter: ab 5 Jahren
Material: alte Turnschuhe, Gipsbinden, Pinsel, Temperafarbe, Schüssel, Becher, Wasser

Nikis Nana-Figuren haben immer Stummelfüße. Wie würden wohl Schuhe aussehen, wenn die Nanas Füße hätten und Niki für ihre Nanas Schuhe kreiert hätte?

Die Kinder überziehen alte Turnschuhe mit Gipsbin-den (➙ S. 36). Der Schuh stellt dabei das Gerüst dar. Ist der Gips getrocknet, malen die Kinder die Schuhe bunt an. Sind die Schuhe geringelt, geblümt, kariert oder gestreift?

Obstschale à la Niki de Saint Phalle

Alter: ab 6 Jahren
Material: alte Plastikschale oder -teller, Gipsbinden, Schüssel mit Wasser, Temperafarben, Pinsel, Becher, Sprühlack; evtl. Teppichrollen aus Pappe, Stühle

Obstschalen oder dekorative Teller lassen sich im Stil von Niki de Saint Phalle gestalten.

- Die Kinder schneiden die Gipsbinden zu 5 cm großen Fetzen zu. Diese tauchen sie kurz in Wasser, legen sie auf die Schale oder den Teller, drücken sie an und streichen sie glatt. Es ist ratsam, mindestens drei Schichten übereinander zu legen. Sowohl die Innenseite als auch die Außenseite und der Boden müssen mit Gipsbinden bedeckt sein.
- Am nächsten Tag bemalen die Kinder die Obstschale mit knallbunten Farben in vielen verschiedenen Mustern. Sie können sie auch mit Nanas bemalen.
- Sobald die Farbe getrocknet ist, besprühen die Kinder die Schüssel mit Klarlack, um sie zu versiegeln. Nach dem Trocknen können die Kinder sie mit leckerem Obst füllen.

Tipp

Theoretisch lassen sich alle Materialien eingipsen und anschließend bunt bemalen. So können Teppichrollen zu bunten Nana-Säulen werden oder langweilige Stühle zu sogenannten Nana- oder Niki-Stühlen. Es bedarf nur der entsprechenden plastischen Gipsgestaltung und der bunten Bemalung.

Kugeln für den Garten

Alter: ab 5 Jahren
Material: Luftballon, Gipsbinden, Schüssel mit Wasser, Temperafarben, Pinsel, Becher, Sprühlack, evtl. Holzstab (z. B. Besenstiel)

Niki de Saint Phalle hat in Italien über viele Jahre hinweg einen bunten Skulpturengarten mit überdimensional großen Figuren gestaltet. Teilweise sind diese Figuren sogar begehbar. Die Plastiken schmücken die Gartenlandschaft und stellen die Figuren des Tarot-Kartenspieles dar. Die Figuren heißen z. B. der Magier, die Hohepriesterin, der Sonnenvogel, der Narr, der Herrscher, der Einsiedler. Die Tarot-Karten dienen dazu, die Zukunft vorauszusagen. Auch zahlreiche kleinere Hingucker zieren den Garten und lenken die Blicke der Besucher immer wieder auf sich.

Aufgeblasene Luftballons stellen gute Grundgerüste für Gipsplastiken dar. Wie Niki de Saint Phalle gestalten die Kinder für den Garten schmückende Elemente in Form von Rosenkugeln. Dazu überziehen sie den aufgeblasenen Luftballon mit Gipsbinden (→ S. 36). Das Loch für die Rosenkugel machen die Kinder nach dem Trocknen dort, wo sie zuvor den Luftballon verknotet haben. Sind die drei Gipsschichten fertig und trocken, bemalen die Kinder die Kugeln mit bunten Mustern und Nanas. Zum Schutz besprühen sie ihre Rosenkugel mit Klarlack. Anschließend können die Kinder ihre Kugel im Garten auf einem Stab dekorieren. Die bunten Kugeln sind sicherlich eine Zierde für alle „Kinder-Gärten".

Riesen-Nana

Alter: ab 6 Jahren
Material: Kleister, Luftballons (runde und längliche), viele Zeitungen, Seidenpapier, Packpapier, Eimer, Schneebesen, Heißklebepistole, Draht, Maschendraht, Zange, weißes Papier, Temperafarbe, Pinsel
Dauer: mehrere Tage

In Niki de Saint Phalles Tarot-Garten befinden sich viele bunte, riesengroße Skulpturen. Diese Skulpturen benötigen dementsprechend große Gerüste, um welche die bunte Haut der Skulpturen drapiert wurde. Nur mithilfe dieser Gerüste konnten sie zu solch großen Skulpturen heranwachsen. Die Kinder bauen mit Luftballons eine etwa zwei Meter große Nana.

Die Kinder blasen die Luftballons auf, rühren den Kleister entsprechend der Verpackungsbeschreibung an und zerreißen das Papier in große Fetzen. Diese tauchen sie in den Kleister und legen sie dachziegelartig über die Luftballons. Ungefähr sieben Lagen Kleisterpapier sollten die Ballons umhüllen. Sind alle Ballons getrocknet, fügen die Kinder die einzelnen Luftballons zu einer großen Nanafigur zusammen. Die Kinder fixieren mit einer Heißklebepistole die Kleisterballons zu einer menschlichen Figur. Anschließend umwickeln sie die Einzelteile wieder mit mehreren Schichten Kleisterpapier. Diese Grundform verstärken sie mit Draht oder anderen Materialien oder formen sie zusätzlich aus. Zuletzt legen die Kinder eine Schicht weißes Papier über ihre Nana. Darauf können sie besser und farbenprächtiger malen.

Natürlich dauert es mehrere Tage, bis eine solche Nana fertig ist. Doch die Arbeit lohnt sich. Sie ist sicher ein toller Überraschungsgast auf einem Nana-Fest.

Möbel à la Niki de Saint Phalle

Alter: ab 6 Jahren
Material: alter Schrank, Tisch, Gipsbinden, Schüsseln, Zeitungen, Klebeband, Heißklebepistole, Draht, Maschendraht, Zange, Schere, unterschiedliche Materialien (Korken, Fotodöschen, Styroporkugeln, Knöpfe, Dekomaterial, Plastikfiguren, Puppen usw.), Heißklebepistole, weiße Grundierfarbe, Temperafarben, Pinsel, Becher; evtl. bunte Perlen, Knöpfe, Muscheln, Muggelsteine

Wie würde wohl ein Tisch oder ein Schrank aussehen, den Niki de Saint Phalle gestaltet hat? Sicher wären sie bunt und farbenfroh, voller Rundungen und Kurven, Nanas würden auf ihnen tanzen usw.

Die Kinder gestalten gemeinsam einen alten Schrank oder einen alten Tisch. Es stehen ihnen verschiedene Materialien zur Verfügung, um damit den Schrank oder den Tisch in seiner Form zu verändern. Die Kinder kleben die Materialien mit der Heißklebepistole auf und übergipsen sie. Ist der Gips getrocknet, grundieren die Kinder das Möbelstück mit weißer Farbe. Anschließend malen sie das Möbel bunt an. Viel Spaß dabei!

Tipp

Die Kinder können das Möbelstück mit bunten Knöpfen, Muggelsteinen, Muscheln und Perlen bekleben.

Papiermosaikentwürfe für Nikis Tarot-Garten

Alter: ab 4 Jahren
Material: Zeitschriften, Klebstoff, Papier, Bleistift

Nikis Figuren im Tarot-Garten sind mit Mosaiken ausgestattet. Die Kinder gestalten ein Garten- oder Parkbild in Form eines Mosaiks.

Die Kinder zeichnen auf Zeichenpapier ein Park- oder Gartenmotiv vor. Nun suchen sie aus Zeitschriften Farben heraus, die sie für die farbige Ausgestaltung ihres Bildes benötigen. Diese farbigen Zeitschriftenseiten zerreißen sie in viele kleine Schnipsel, legen sie auf das vorgezeichnete Motiv und kleben sie mosaikartig auf.

Drachenschlange für Nikis Tarot-Garten

Alter: ab 6 Jahren
Material: Draht, Maschendraht, Gips, alte Leintücher, große Wasserschüsseln (Bütten), Zeitungen, Klebeband, Heißklebepistole, Zange, Schere, unterschiedliche Materialien (z. B. Schachteln, Döschen, Korken)

In Nikis Skulpturengarten in Italien befindet sich unter den 22 überlebensgroßen Figuren der Schlangen-Lebensbaum. Auch Kinder können sich bei der Gestaltung einer großen Drachenschlange für den Garten ausleben.

Zusammen mit der Spielleitung schneiden die Kinder Maschendrahtteile, die sie mithilfe von Draht zu einem groben Schlangengerüst verbinden. Mit Zeitungsknäueln, Schachteln, Döschen, Korken usw. bauen die Kinder verschiedene Körperstellen aus und betonen sie dadurch. Sie fixieren diese mit Klebeband, Heißklebepistole oder Draht auf dem Drahtgerüst. Auf diese Weise erhält die Drachenschlange vielleicht einen dicken Schwellkopf, eine narbige und warzige Haut oder einen markanten Drachenkopf mit Augen, die aus dem Kopf plastisch herausstehen und die Kinder später mit Glupschaugen anfunkeln werden. Die Schlange erhält ihre Haut durch eine Gipsschicht. Dazu rühren die Kinder in einer alten großen Wasserschüssel Gipsbrei an und tauchen die Stofffetzen in den Brei. Sie streifen am Büttenrand den überschüssigen Gips ab und legen den vollgesaugten Stoff auf das Gerüst bzw. über die Materialien, wobei sie den Stoff glatt streichen und an das Gipsgerüst andrücken. So bekommt das Ungeheuer eine Haut. Diese muss, je nachdem wie dick der Gips aufgetragen wurde, bis zu zwei Tagen trocknen und aushärten.

Ist die Schlange getrocknet, können die Kinder sie bunt anmalen. Dann schlängelt sie sich anschließend als bunter Farbstreifen durch das hohe grüne Gras.

Variante
Natürlich kann die Schlange auch mit einem Mosaik versehen werden (→ S. 45).

Mosaik-Kacheln für Nikis Tarot-Garten

Alter: ab 5 Jahren
Material: Käseschachteln (evtl. Deckel von Schuh-schachteln), Gipspulver, Gipsbecher aus Gummi, Holzlöffel, Wasser, viele Porzellan- oder Glasscherben, Glasperlen, Glitzersteine, Murmeln, Muscheln, funkelnde Steine, Perlen; evtl. Plastikschüssel, Sand, Zement, Wasser

Die Figuren in Niki de Saint Phalles Tarot-Garten sind alle mit Mosaiken überzogen. Auch die Kinder gestalten kleine Mosaik-Kacheln, mit denen sie später eine Wand im Garten schmücken können.

Die Kinder rühren Gips gemäß der Verpackungsbeschreibung an. Dazu füllen sie eine Plastikschüssel ungefähr zu zwei Dritteln mit Gipspulver und zu einem Drittel mit kaltem Wasser. Das Gipspulver wird immer ins Wasser gegeben und nicht umgekehrt! Die Kinder streuen das Gipspulver so lange ein, bis ein Teil des Gipspulverbergs über dem Wasserspiegel sichtbar wird. Nun verrühren sie die Materialien miteinander. Es entsteht ein dickflüssiger Brei. Je dicker der Gipsbrei ist, desto schneller bindet er ab.
Die Kinder füllen die Käseschachteln mit dem Gipsbrei und drücken Porzellan- oder Glasscherben, Perlen oder Steine leicht hinein. Am nächsten Tag können sie die Mosaik-Kachel aus der Käsedose lösen.

Mosaik-Wand
Diese kleinen Mosaik-Kacheln lassen sich an einer Wand oder an einer alten Mauer im Garten schmückend in Zementmasse befestigen. Dazu mischen die Kinder fünf Teile scharfen Sand plus ein Teil Zement plus so viel Wasser, dass eine formbare Masse entsteht. Sie tragen eine 1 cm dicke Schicht der Zementmasse auf die Mauer auf, lassen den Zement etwa 10 bis 20 Minuten anziehen und drücken dann die Amulette hinein.

Tipp
Sollen die Kacheln etwas größer ausfallen, eigenen sich die Deckel von Schuhschachteln, um sie mit Gips vollzugießen.

Mosaik-Blumentöpfe für Nikis Tarot-Garten

Alter: ab 6 Jahren
Material: Mosaikkleber, Fugenmasse, altes Porzellan, Tontöpfe, feste Tüte, Hammer, Schutzbrille, alte Zeitungen, leere Plastikschale, Küchenschwamm, Küchenkrepp, Löffel oder Spachtel, weiches Baumwolltuch; evtl. Musterzeichnungen als Vorlagen, Transparentpapier

Sicher wären in Niki de Saint Phalles Tarot-Garten auch Mosaik-Blumentöpfe ein toller Blickfang. Die Kinder gestalten solche Blumentöpfe, um damit den Innenhof der Einrichtung oder ihren eigenen Garten zu Hause auszuschmücken.

Die Kinder legen den Arbeitsplatz mit Zeitungspapier aus. Sie füllen das alte Porzellan in eine Tüte und zerschlagen es vorsichtig mit dem Hammer. So fliegen die Splitter nicht.

Die Kinder geben den Mosaikkleber direkt aus der Tube auf den Tontopf und verstreichen ihn dort auf einer kleinen Flächen, denn der Mosaikkleber trocknet sehr schnell. Sie kleben die Mosaiksteine nach Muster oder beliebig auf. Der Kleber muss nun trocknen. Dann rühren die Kinder die Fugenmasse entsprechend der Verpackungsbeschreibung an, um sie anschließend mit einem Löffel oder einem Spachtel auf das Mosaik aufzutragen. Mit den Fingern oder dem Spachtel verstreichen sie vorsichtig die Fugenmasse in die Fugen. Überschüssige Fugenmasse streichen sie sofort mit den Fingern weg. Das ganze Mosaik wischen sie behutsam mit einem feuchten Schwamm ab, damit sie keine Masse aus den Fugen herauswischen. Anschließend muss die Fugenmasse trocknen. Ist sie vollständig ausgetrocknet, polieren die Kinder die Steine mit einem weichen Tuch.

Variante
Die Kinder malen zunächst eine Musterzeichnung auf den Untergrund, auf dem das Mosaik umgesetzt werden soll.

Bilder mit tanzenden Nanas

Alter: ab 6 Jahren
Material: 2 Bögen weiße Pappe (DIN A3), Temperafarben, Pinsel, Becher, Lappen, Bleistift, Cutter, Eisstiele aus Holz oder Pappstreifen

In manchen Bildern von Niki de Saint Phalle bewegen sich die Nanas tanzend.

Die Kinder malen eine Landschaft (z. B. Strand, Zauberwald) oder einen Innenraum (z. B. Schwimmbad, Zauberschloss), in dem sich Nanas bewegen können, auf eine DIN A3 große Pappe.
Die Kinder zeichnen auf die zweite Pappe Nanas in der Größe von etwa 10 cm vor und schneiden diese aus. Sie bemalen die Figuren kunterbunt in farbenfrohen Farben und befestigen auf der Rückseite einen Eisstiel. Anschließend schneiden sie mithilfe eines Cutters einen halbrunden Schlitz in das gemalte Bild.

Die Anzahl der Schlitze richtet sich nach der Anzahl der Nanas, die im Bild bewegt werden sollen. Die Kinder stecken den Eisstiel durch die Schlitze und können so die Nanas im Bild von rechts nach links schieben. Dadurch entsteht der Eindruck, dass sie sich auf wundersame Weise tanzend durch das Bild bewegen.

Variante
Den Eisstiel können die Kinder auch durch einen schmalen Pappstreifen ersetzen.

Ein Künstler wirbt für Dosensuppen: Andy Warhol (1928–1987)

Die kunterbunten Gesichter des Andy Warhol

Andy Warhol, **Camouflage Self-Portait** (Selbstporträt mit Tarnfarbe), 1986; Siebdruck auf Acryl auf Leinwand, 203,2 × 203,2 cm, Privatsammlung

Andy Warhol wurde 1928 in Forest City, im US-Bundesstaat Pennsylvania, als dritter Sohn einer Immigrantenfamilie geboren. Um ein besseres Leben führen zu können, waren seine Eltern aus der Tschechoslowakei nach Amerika ausgewandert. Sein Vater, Bergmann und Bauarbeiter, wanderte 1912 aus. Seine Mutter folgte ihm neun Jahre später. Sie hatte Schwierigkeiten damit, sich in der neuen Heimat zurecht zu finden und hielt an ihrer Muttersprache fest. Deshalb lernte Andy Warhol erst durch den Schuleintritt Englisch. Amerika ist und war das Land der großen Stars und Filmwelt, die Andy Warhol bereits als Kind faszinierten. Seinen Namen Warhola amerikanisierte er später zu Warhol. Er wurde einer der führenden Vertreter des Pop-Art.

Warhol sammelte Autogramme von Stars und schaute sich für sein Leben gerne Filme an. Besonders interessierte ihn der Kinderstar Shirley Temple. Auch Zeichentrickfilme faszinierten ihn. Seine Eltern schenkten ihm, obgleich sie nur wenig Geld hatten, bereits als Kind einen eigenen Filmprojektor. Er schaute sich nun immer und immer wieder die gleichen Zeichentrickfilme an, ließ sich von ihnen inspirieren und begann, nach diesen Zeichentrickfilmen zu zeichnen.

Als Andy Warhol 13 Jahre war, starb sein Vater. Die Familie war nun mittellos und alle Familienmitglieder mussten arbeiten gehen, um sich den nötigsten Lebensunterhalt zu verdienen. Andy Warhol fand einen Job in einem Milchladen.

Trotz aller Widrigkeiten konnte Andy Warhol Malerei und Zeichnen studieren, obwohl er nach eigener Aussage nie Maler, sondern Stepptänzer werden wollte. Er beendete 1949 sein Studium und ging nach New York. Dort arbeitete er als Illustrator für glamouröse Zeitschriften wie *Vogue, Glamour* und *Harper's Bazaar* und als Werbegrafiker. Er entwarf Schallplattencover, Bucheinbände und Dekorationen für Schaufenster. Der Job als Werbegrafiker reizte ihn nach einiger Zeit nicht mehr und er begann, Comicstrips enorm vergrößert abzumalen. Er malte auch Alltagsgegenstände, z. B. Geldscheine, *Campbell's* Suppendosen, *Coca Cola*-Flaschen, Limonadenfla-

schen, Waschmittel- und *Cornflakes*-Kartons, Spielzeug usw. Er wollte damit den Unterschied zwischen den schönen Künsten und der kommerziellen Gebrauchskunst aufheben. Außerdem beabsichtigte er, seine Kunstwerke selbst wie Massenprodukte zu vervielfältigen. Auch Abbildungen aus Zeitschriften dienten ihm als Vorlage für eigene Bilder, die er auf verschiedene Art und Weise veränderte, z. B. durch die Farbwahl, ohne ihnen einen eigenen Inhalt zu geben. Mit dem Siebdruckverfahren gelang es ihm, Bilderserien mit dem immer gleichen Motiv herzustellen. Auch seine vielen Katzen, die alle Sam hießen, inspirierten ihn immer wieder zu neuen Bildern.

Im Juli 1968 wurde Andy Warhol mit 39 Jahren Opfer eines Attentats. Eine Frau schoss ihm mehrmals in die Brust. Andy war schwer verletzt und entkam nur knapp dem Tod. Erst vier Jahre später begann er wieder zu malen. Zu diesem Zeitpunkt beschäftigten sich seine Bildmotive mit dem Thema Tod. Danach erfuhr sein Kunstschaffen eine radikale Wendung. Warhol verbrachte jetzt die meiste Zeit mit dem Malen von Porträts von SchauspielerInnen, SängerInnen, MusikerInnen und Politikern. Dazu gehörten Marilyn Monroe, Mick Jagger und Michael Jackson ebenso wie Brigitte Bardot, Elvis Presley und John F. Kennedy. Viele dieser Porträts entstanden auch als Serienbilder, welche er nur im Farbeinsatz variierte. Auch Bilder, bei denen die Entstehung auf reinem Zufall beruhte, spielten für Andy Warhol eine wichtige Rolle. Schattenbilder etwa inspirierten ihn zu eigenen Bildern.

Andy Warhol war ein leidenschaftlicher Sammler. Viele Dinge sammelte er in sogenannten Zeitkapseln. Für jeden Tag stellt er sich einen Pappkarton bereit, in welchen er all das füllte, was für ihn an diesem Tag Bedeutung hatte, z. B. Rechnungen, Briefe, Kinokarten, Notizen usw. Als Andy Warhol am 22. Februar 1987 in New York nach einer Operation an der Gallenblase völlig unerwartet mit 58 Jahren starb, gab es von ihm 612 Zeitkapseln.

Kinder erleben die Arbeitsweise von Andy Warhol

Bilder mit Werbeetiketten

Alter: ab 5 Jahren
Material: Kleber, Scheren, Zeichenpapier, Banderolen und Etiketten von Dosen und Flaschen

Andy Warhol hat zu Anfang seiner Karriere als Werbegrafiker gearbeitet. Werbegrafiker machen durch die äußere Gestaltung auf ein Produkt aufmerksam. Dosen und Flaschen sind durch Etiketten und Banderolen geschmückt und werden so voneinander unterschieden.

Die Kinder lösen die Banderolen von Flaschen und Dosen, indem sie diese für eine Stunde komplett in Wasser stellen. Über einen längeren Zeitraum sammeln sie so Etiketten und Banderolen. Dann fertigen sie aus ihnen eine Collage. Dabei können sie:

■ die Banderole beliebig aufkleben;
■ nur die Schriftzüge zum Aufkleben verwenden;
■ die Bilder der Banderole vereinzelt aufkleben und die dazugehörigen Dosen und Flaschen außen herum malen.

Produktwerbung

Alter: ab 5 Jahren
Material: verschiedene Schachteln, unterschiedliche Papiere, Papprollen, Joghurtbecher, Mülltüten, Plastikflaschen, Gold- und Silberfolie, Bänder, alles aus der Reste- und Sammelkiste, Kleber, Scheren

Als Werbegrafiker war Andy Warhol für die äußere Gestaltung eines Produktes zuständig. Er entwarf z. B. Verpackungen.

Um auf das Angebot hinzuführen, erzählen Kinder, welche Verpackungen, welche Werbung im Fernsehen oder im Radio ihnen am besten gefallen.
Die Kinder sagen Werbesprüche auf, die sie kennen, und stellen sie eventuell in einem Rollenspiel dar.
Die Kinder erhalten den Auftrag, für ein Produkt mit einem Scheinnamen eine Verpackung oder ein Etikett zu entwerfen. Das heißt, die Kinder gestalten das äußere Erscheinungsbild des Produktes, das sie sich unter dem Scheinnamen vorstellen. Dazu verwenden sie die oben angeführten Materialien. Sie können z. B. Flaschen bekleben oder einpacken, Schachteln und Papprollen bemalen, bekleben, beschriften, verpacken und dekorieren. Den Ideen der Kinder sind dabei keine Grenzen gesetzt. Natürlich können sie auch einen Werbeslogan zu dem Produkt formulieren.
Welche Vorstellungen des Produktes entwickeln die Kinder bei dem Produktnamen? Wird es sich dabei um ein Getränk, um Süßigkeiten, um Schuhe oder um ein anderes Produkt handeln? Lassen wir uns überraschen, was die kleinen Warhols für Vorstellungen entwickeln!

Andy Warhol, **Big Torn Cambell's Soup Can (Vegetable Beef)** (Große zerrissene Campbell's-Suppendose [Gemüse-
suppe mit Rindfleisch]), 1962, Acryl auf Leinwand, 183 × 137 cm, Zürich, Kunsthaus

Verpackungsdesign

Alter: ab 5 Jahren
Material: Schuhschachtel, Temperafarbe, Pinsel, Becher, Kleber, verschiedene Buntpapierreste (z. B. Seiden-, Glanz-, Gold-, Tonpapier), Bänder, Perlen, Knöpfe, Seil, Gold- und Silberfolie, Filz, alles aus der Sammel- und Restekiste

Werbung hat mit Vermarktung zu tun und zu einer guten Vermarktung gehört auch eine schöne Verpackung. Dafür war Andy Warhol als Werbegrafiker verantwortlich und entwarf das Design für Produkte.

Alle Kinder bringen von Zuhause eine Schuhschachtel mit. Jedes Kind überlegt sich einen Gegenstand, den es in dieser Schachtel verkaufen will. Diesen Begriff malt es in den Innenboden der Schachtel. Die Schachtel gilt es nun so zu gestalten, dass sie zum Inhalt passt und ein fremder Betrachter die Schachtel nicht wegen des Inhalts, sondern wegen des Aussehens der Schachtel kaufen würde. Dazu bemalen und bekleben die Kinder die Schachtel mit den oben aufgeführten Materialien. Sind alle Verpackungen gestaltet, zeigen sich die Kinder ihre Verpackungen gegenseitig. Gemeinsam besprechen alle, welche Schuhschachtel das attraktivste Design hat. Dann stellen sie Vermutungen an, was sich in der Kiste befinden könnte.

Wandcomics

Alter: ab 6 Jahren
Material: Overheadfolie, Overheadprojektor, Comic-Vorlage, Packpapier oder Raufasertapete, Paketklebeband, dicker Faserstift, Temperafarbe, Pinsel, Becher
Vorbereitung: Die Gruppenleitung kopiert ein kleines Comic oder eine kleine kindliche Witzzeichnung (z. B. *Papa Moll*) aus einer Zeitschrift auf Folie.

Andy Warhol liebte Comics und Comiczeichnungen. Sie inspirierten ihn dazu, selbst zu zeichnen. Er veränderte ihren Maßstab und malte sie vergrößert nach.

Die Gruppenleitung überklebt gemeinsam mit den Kindern eine Wand mit Tapete oder Packpapier. Sie projiziert mithilfe eines Overheadprojektors die Zeichnung an die überklebte Wand. Die Kinder fahren die an der Wand befindlichen Linien mit einem dicken Faserstift nach und gestalten sie gegebenenfalls farbig aus. Besonders toll wirken die Comics, wenn mehrere nebeneinander gemalt werden.

Filmidole

Alter: ab 5 Jahren
Material: Bilder von Stars (von den Kindern zu Hause gesammelt), 1 großer Bogen Zeichenpapier, Schere, Kleber, evtl. Temperafarbe, Pinsel und Becher

Andy Warhol schwärmte für die Welt der Stars und für die Filmwelt. Er sammelte Autogramme und korrespondierte mit Stars.

Die Kinder suchen in Zeitungen und Zeitschriften nach Abbildungen ihrer Lieblingsstars und bringen diese mit. Sie legen sie in die Mitte eines Stuhlkreises und versuchen gegenseitig zu erraten, wer für welche Stars schwärmt. Wurde ein Kind und der zu ihm gehörende Star erraten, darf das Kind den anderen erzählen, was es an diesem Star so toll findet und warum es für ihn schwärmt.

Jedes Kind erhält einen großen Bogen Zeichenpapier und klebt seine Stars als eine Art Collage auf das Zeichenpapier. Bleiben auf dem Papier weiße Flächen übrig, malen die Kinder sie farbenfroh aus.

Bunte Serienbilder

Alter: ab 5 Jahren
Material: Zeitschriften, Kopierer, Kopierpapier, Kleber, Zeichenkarton, Holzbuntstifte, Scheren

Andy Warhol bevorzugte bei seiner Bildgestaltung den Siebdruck, der ihm die Vervielfältigung und damit die Herstellung von Serienbildern ermöglichte. So gestaltete Warhol immer wieder das gleiche Bild, das er nur durch die Farbwahl variierte. Dabei gruppierte er viele Einzelbilder zu einem großen Werk.

Die Kinder gestalten Serienbilder im Stile Andy Warhols. Sie suchen sich aus einer Zeitschrift oder Zeitung eine Schwarzweißabbildung heraus und schneiden diese aus. Ebenso wie Warhols Serienbilder sollen sich die Folgebilder diese Bildes, die von den Kindern hergestellt werden, nur durch die Farbgebung unterscheiden. Zur Umsetzung sind folgende Möglichkeiten denkbar:
1. Die Kinder kopieren ihre Abbildung auf verschiedenfarbigen Untergrund (z. B. auf Rot, Gelb, Grün usw.), schneiden anschließend die Kopien aus und arrangieren sie neben- und untereinander auf Zeichenkarton, wo die Kopien fixiert werden.
2. Die Kinder kopieren die Abbildung mehrmals auf weißem Papier und schneiden sie aus. Jede Kopie malen die Kinder mit jeweils einer anderen Farbe aus und arrangieren und fixieren die übermalten Kopien neben- und/oder untereinander auf Zeichenkarton mit Kleber.

Andy Warhol, **Marilyn,** 1967, Neun Serigraphien auf Papier aus einer Mappe mit zehn Arbeiten, je 91,5 × 91,5 cm,
© Courtesy Ronald Feldman Fine Arts, New York

„Vorschlag für Sonntagsmaler"

Alter: ab 6 Jahren
Material: Kopien einer gestalteten Vorlage, eine Farbliste, Buntstifte
Vorbereitung: Die Spielleitung bereitet eine Malvorlage vor, eventuell kopiert sie eine Seite aus einem Malbuch. Dann fertigt sie eine nummerierte Farbliste an, welche pro Zahl eine Farbe benennt. Auch die einzelnen Felder in der Malvorlage nummeriert sie mit den Farbnummern, welche das Motiv an dieser Stelle tragen soll.

Eines seiner Bilder nannte Warhol „Vorschlag für Sonntagsmaler". Es sieht aus wie ein begonnenes Bild in Form von Malen nach Zahlen.

Jedes Kind erhält eine nummerierte Malvorlage und eine entsprechende Farbliste. Die Kinder vergleichen nun die Nummern im Farbfeld mit denen auf der Farbliste und malen die einzelnen Felder mit den jeweiligen Farben aus.

Zeitkapseln

Alter: ab 5 Jahren
Material: pro Zeitabschnitt 1 Schuhkarton

Andy Warhol war von Sammelleidenschaft gepackt. Um Dinge zu sammeln, fertigte er sogenannte Zeitkapseln an. Eine Zeitkapsel bestand bei Andy Warhol aus einer Schachtel mit darin enthaltenen wichtigen Dingen. In einzelnen Kartons sammelte er alles, was in einem bestimmten Zeitraum Bedeutung für ihn hatte. Wie wäre es z.B. mit einer Frühjahrskapsel, einer Herbstkapsel, einer Ferienkapsel, einer Geburtstagskapsel, einer Osterkapsel oder einer Adventskapsel?

Die Kinder sammeln für die jeweiligen Zeitkapseln die Dinge, die für sie in dieser Zeit Bedeutung haben. Anschließend tauschen sie sich über ihre Zeitkapseln aus.
Es gibt mehrere Möglichkeiten, Zeitkapseln zu füllen:

■ Möglich ist eine Gruppenzeitkapsel etwa für ein Rahmenthema (z.B. Frühling, Ostern, Advent, gesunde Ernährung). In dieser Zeitkapsel sammeln die Kinder alles, was sie mit dem Rahmenthema verbindet.
■ Jedes Kind hat seine eigene Zeitkapsel, z.B. für den Waldtag, das Sommerfest, und sammelt darin, was es für wichtig hält.

MALVORLAGE

1 rot
2 dunkelgrün
3 blau
4 gelb
5 hellgrün
6 orange
7 braun
8 grau

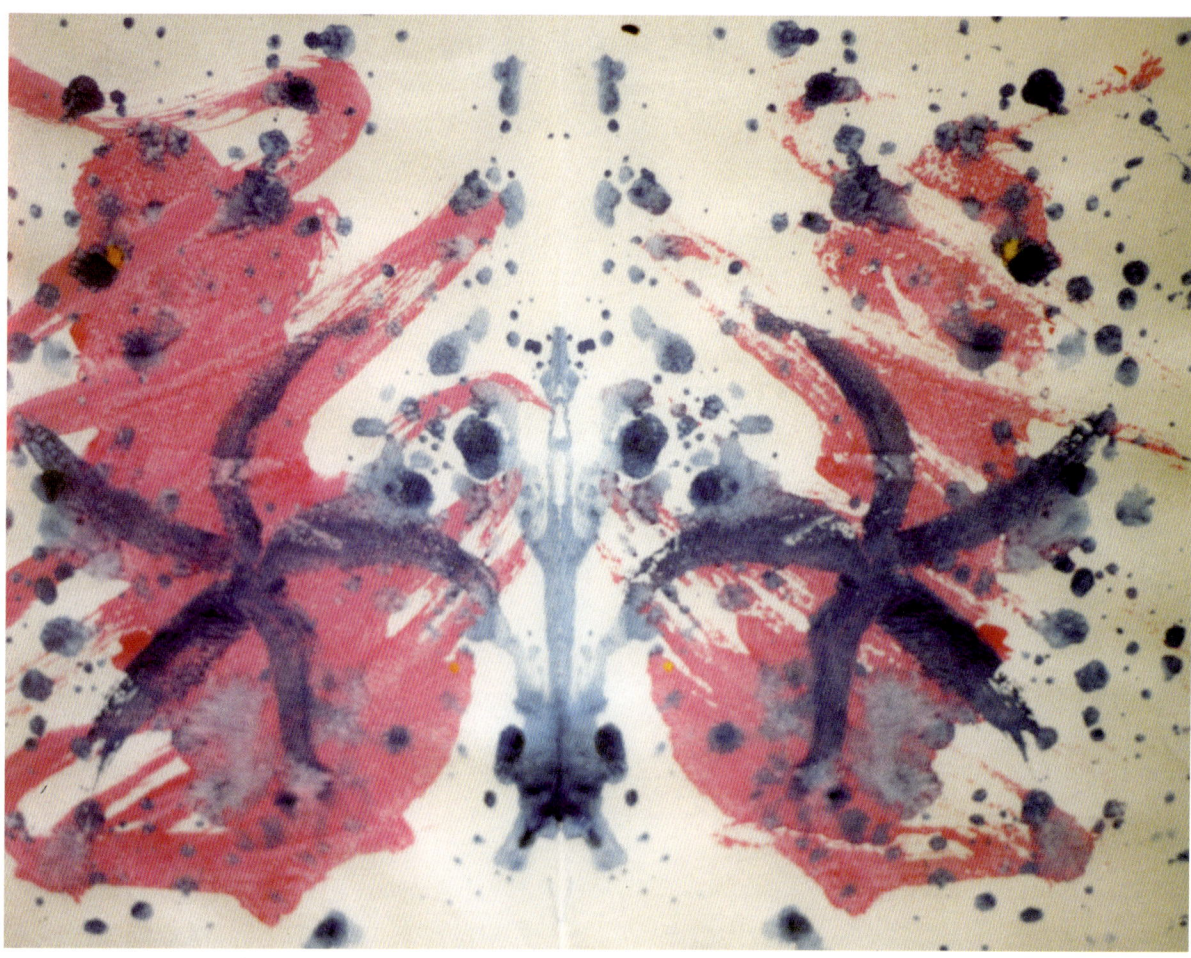

Rorschach-Bilder

Alter: ab 5 Jahren
Material: Toilettenpapier, Temperafarben, Becher, Pinsel

Andy Warhol bediente sich bei seiner Bildgestaltung vieler Zufallstechniken. So malte er z. B. Rorschach-Bilder. Die Bilder heißen so, weil ein Psychiater mit dem Namen Rorschach solche Bilder nutzte, um seine Patienten in ihrer Fantasie und Assoziationsfähigkeit zu fördern. Das Besondere an Warhols Rorschach-Bildern ist ihre extreme Größe.

Die Kinder falten einen Bogen Papier in der Mitte und öffnen ihn wieder. Der Mittelfalz teilt das Papier in zwei Hälften. Sie lassen in eine der beiden Hälften verschiedene Farbkleckse tropfen, legen das Papier zusammen und drücken beide Hälften leicht aufeinander. Anschließend klappen die Kinder den Bogen wieder auseinander. Ein symmetrisches Klecksbild ist entstanden.

Die Kinder zeigen sich gegenseitig ihre Klecksbilder. Im Stuhlkreis unterhalten sich die Kinder über ihre Bilder:

- Zu welchen Assoziationen geben die Bilder Anlass?
- An was erinnert die Kinder das jeweilige Klecksbild?

Tipp

Toll ist es, wenn die Kinder das Klecksbild ebenso wie Andy Warhol auf einer großen Malfläche umsetzen dürfen.

Ich übermale Porträtfotos

Alter: ab 5 Jahren
Material: Porträtfoto, Kopierer, Kopierpapier, Kleber, Tonpapier, Holzbuntstifte

Andy Warhol gestaltete seine Bilder häufig mit gleichen und sich wiederholenden Porträts, die sich nur in der Farbe unterscheiden.

Jedes Kind bringt ein Porträtfoto von sich mit. Dieses legt es auf den Kopierer, vergrößert es und druckt es neunmal schwarz-weiß in DIN A4 aus. Die Kinder entscheiden sich für eine Farbe, mit der sie jeweils eine der Kopien übermalen. Anschließend arrangieren sie ihre übermalten Porträts nebeneinander und/ oder übereinander und fixieren diese auf farbigem Tonkarton. Dabei können die Kinder so wie Warhol einen farbigen Musterrhythmus im Bildarrangement entwickeln.

Mick Jagger

Alter: ab 6 Jahren
Material: pro Kind mehrmals die gleiche Kopie eines Porträts, Papierreste (z. B. Pack-, Transparent-, Geschenk-, Faltpapier), Schere, Kleber, schwarzer Filzstift, Zeichenkarton

Warhol gestaltete eine Bildserie mit dem Titel „Mick Jagger". Es handelt sich dabei um ein Porträt des Sängers der Musikgruppe „Rolling Stones". Diese Bilderserie variierte er, indem er auf gleiche oder ähnliche Porträtfotos von Mick Jagger an verschiedenen Stellen unterschiedliche Papierreste über das Porträt geklebt hat. Anschließend malte Warhol die wichtigsten überklebten Umrisslinien mit Filzstift über die aufgeklebten Stellen.

Die Kinder gestalten eine solche Bilderserie. Sie erhalten mehrmals die gleiche Kopie eines Porträts. Diese Kopien sollen sie nun an einigen unterschiedlichen Stellen mit verschiedenen zugeschnittenen oder gerissenen Papierfetzen überkleben. Ein Teil des Gesichtes soll jedoch unbeklebt bleiben. Danach versuchen sie, die durch Überkleben verschwundenen Umrisslinien des Porträts mit schwarzem Filzstift nachzuzeichnen. Anschließend kleben die Kinder ihre sechs Kopien nebeneinander auf einen großen Zeichenkarton auf. Auf welchem Bild ist das Porträt am besten zu erkennen?

Siebdruckverfahren

Alter: ab 7 Jahren
Material: Keilrahmen, Voile-Stoff (eine Art eng-
maschiger Mückengitterstoff), Schere, Reißnägel,
evtl. Holzleim, evtl. Zeitungspapier, Zeichenkarton,
Siebdruckfarbe, Rakel oder Teigschaber

*Beim Siebdruck arbeitete Warhol mit einem feinma-
schigen Netz, das straff über einen Rahmen gespannt
war. Um ein Motiv mit dem Siebdruckverfahren auf Papier zu bringen, musste Warhol die Bereiche, welche im
Bild später weiß erscheinen sollten, erst einmal auf dem
Sieb abdecken. Dazu schloss er die Poren des Stoffes.
Anschließend zog er die Farbe mit einem Gummischieber,
Rakel genannt, über den Stoff. Durch die offenen Poren*
*des Netzes wird die Farbe mit dem Rakel auf das darun-
ter liegende Papier gepresst. Dort, wo die Poren des Stoffes geschlossen wurden, drückt sich keine Farbe durch
den Stoff. Diese Stellen bleiben weiß.*

Vorbereitung

Für den Siebdruck bespannen die Kinder einen Keilrahmen mit Voile-Stoff. Sie schneiden den Stoff zu,
indem sie den Keilrahmen auf den Stoff legen und ihn
im Abstand von etwa 6 cm an allen Seiten um den
Rahmen herum abschneiden. Anschließend schlagen
sie den Stoff um den Rahmen herum und fixieren ihn
stramm gespannt auf der Rückseite mit Reißnägeln.

Verschließen der Poren

Um die Poren des Stoffes zu schließen, gibt es für Kinder ganz einfache Möglichkeiten. Zwei davon werden hier vorgestellt.

mit Holzleim

Die Kinder verteilen Holzleim in kleinen Klecksen auf dem Tisch. Dann nehmen sie ihren vorbereiteten Rahmen und legen ihn mit der bespannten Seite in die Leimkleckse hinein. Im Anschluss heben sie den Rahmen wieder hoch, drehen ihn um 45° und legen ihn erneut in die Holzleimkleckse. Dieser Vorgang kann mehrmals wiederholt werden. Der Kleber verschließt dabei in einer Zufallstechnik die Poren und muss anschließend trocknen. Dann erst kann gedruckt werden.

mit nassem Zeitungspapier

Die Kinder reißen Streifen, Formen oder Motive aus Zeitungspapier. Sie feuchten diese an und legen sie nass auf die Vorderseite des gespannten Stoffes. Durch die Nässe kleben sie am Stoff fest. Somit sind die Poren verschlossen. Der Druckvorgang kann nur so lange durchgeführt werden, wie das Papier nass auf dem Stoff klebt.

Der Druckvorgang

Die Kinder legen den Rahmen mit der gespannten Stoffseite nach unten auf den Zeichenkarton. Sie tragen einen Farbstreifen auf den Stoff auf, ziehen diesen mit dem Rakel rasch und in ein paar Zügen über den Stoff. Dabei presst sich die Farbe durch die offenen Poren auf das Papier. In einigen Zügen ist die Farbe überall verteilt und die Kinder können den Rahmen vom Papier heben.

Tipp

Das gestaltete Sieb können die Kinder so lange benutzen, bis sich die Poren mit Farbe zugesetzt haben. Interessant ist es, mit dem bearbeiteten Sieb zu experimentieren, ähnlich wie Andy Warhol es getan hat.

Experimentiermöglichkeiten

- Die Kinder drucken ihr bearbeitetes Sieb immer wieder mit einer anderen Farbe. Die auf dem Sieb verbleibende Restfarbe ziehen die Kinder mit einem Spachtel oder Teigschaber ab, um anschließend mit der nächsten Farbe drucken zu können.
- Die Kinder erstellen einen Mehrfarbendruck: Dazu drehen sie pro Farbauftrag ihren Rahmen. Bei einem Mehrfarbdruck muss darauf geachtet werden, dass von Hell nach Dunkel gedruckt wird. Das bedeutet für einen Vierfarbdruck: zuerst Gelb, dann Rot, dann Grün, dann Blau – nur so decken die Farben sich gegenseitig optimal ab.
- Die Kinder erstellen einen Mehrfarbdruck, indem sie die Rahmen untereinander austauschen und die abstrakten Motive übereinander drucken.

Verweigerer der geraden Linie: Friedensreich Hundertwasser (1928–2000)

Wie Hundertwasser zum Architekturdoktor wurde

Hundertwasser wurde am 15. Dezember 1928 in Wien als Friedrich Stohwasser geboren. Er entstammt einer halbjüdischen Familie. Nur wenige Tage nach seinem ersten Geburtstag starb sein Vater. So wurde er von seiner jüdischen Mutter erzogen und hatte bis zu ihrem Tod eine sehr enge Bindung zu ihr. Als Halbjude war seine Kindheit geprägt von der Angst vor den Nationalsozialisten. Schon im Alter von fünf Jahren begann er sich malerisch auszudrücken und die Montessori-Schule, die er ein Jahr lang besuchte, bescheinigte ihm einen außergewöhnlichen Sinn für Farben und Formen. Nach dem Abitur studierte Hundertwasser nur drei Monate an der Wiener Akademie für Bildende Künste. Anschließend unternahm er ausgedehnte Reisen, welche ihn sicherlich in seiner gestalterischen Entwicklung stark beeinflussten. Mit 24 Jahren hatte er seine erste eigene Ausstellung. 1949 änderte er seinen Namen in den Künstlernamen Friedensreich Regentag Dunkelbunt Hundertwasser. Regentag hieß auch sein Segelschiff, mit dem er zahlreiche Reisen unternahm.

Im Verlauf seiner künstlerischen Entwicklung beschäftigte er sich immer mehr mit Architektur. Standen schon in seinen Bildern vorwiegend Motive wie Spirale, Kreise und Wellen im Vordergrund, so übertrug er diese organischen Formen nun auf die Architektur. Er verurteilte gerade Linien an Bauwerken als ein Verbrechen an der Menschheit. Öffentlich beanstandete er die Nüchternheit der Architektur, welche durch die Verwendung der geraden Linie und der glatten Wände hervorgerufen sei. Diese seien leib- und menschenfeindlich. Die Bauherren hätten die Aufgabe, in ihrer Planung mehr auf die Bedürfnisse der Menschen einzugehen. Der

Hundertwasser auf der Baustelle, © Hundertwasser Archiv, Wien, Foto: Gerhard Krömer

sozialen und dem ökologischen Umfeld, müsse man sich wohlfühlen können. Deshalb müsse auch die Architektur den Bedürfnissen des Menschen Rechnung tragen. So formulierte er unter anderem ein Manifest zum Fensterrecht. Danach hat jeder Mieter das Recht, den Fassadenbereich seiner Wohnung so weit auszugestalten, wie seine Arme aus dem Fenster reichen, wenn er sich hinauslehnt. Hinzu kommt die Einbindung der Natur in die Bebauungspläne seiner Architektur. Dächer und Terrassen seiner Gebäude sind bepflanzt. Bunte Hausfassaden unter Einbezug des Fensterrechts spielen eine wichtige Rolle. Die Fassaden sind abwechslungsreich mit Mosaiken, Säulen und Türmchen gestaltet. Gold und Silber wurden von Hundertwasser wie in der russischen Architektur zur Akzentuierung eingesetzt. Das Hundertwasser-Haus in Wien war die erste in diesem Sinn

Wohnhausanlage der Gemeinde Wien. Idee und Konzept: Friedensreich Hundertwasser, Planung: P. Pelikan und J. Krawina, 1983–1986
© Hundertwasser Archiv, Wien, Foto: Emil Bilinski

Mensch sei ein Organismus und dementsprechend benötige er organische Formen und Lebensbedingungen, um sich wohlzufühlen. Dabei berief er sich auf seine Fünf-Häute-Theorie. In den fünf Häuten, der natürlichen Haut, der Kleidung, dem Haus, dem realisierte Architektur. Es folgten viele weitere Bauprojekte, Kindergärten, Kirchen, Autobahnraststätten, ein Fernwärmewerk, ein Thermalbad, ein Kunsthaus usw. Im Februar 2000 starb Hundertwasser im Alter von 71 Jahren.

Kinder erleben die Arbeitsweise von Friedensreich Hundertwasser

Hundertwassers Fünf-Häute-Theorie

*Es gibt den Ausdruck „sich in der eigenen Haut wohlfühlen". Doch der Mensch lebt nicht nur in der **Haut,** die sein Skelett umhüllt, sondern ist umhüllt von weiteren Häuten: der **Kleidung,** dem **Haus,** dem **sozialen** und dem **ökologischen Umfeld**. Dazu verfasste Hundertwasser eine Theorie, die er die Fünf-Häute-Theorie nannte, und setzte sich als Architekt für menschengerechtes Wohnen ein. Er forderte in dieser Theorie, dass der Mensch sich in allen fünf Häuten wohlfühlen muss, damit es ihm wirklich gut geht.*

Die erste Haut: Die natürliche Haut

Die Haut des Menschen umkleidet seine Ideen, seine Fantasien, seine Kreativität, seine Gefühle und Gedanken. Farben sind für Hundertwasser Ausdruck innerer Befindlichkeit. Als Merkmal für seine ihm eigene Farbwahl nannte er sich „Dunkelbunt" und sein Schiff „Regentag". Er sagte selbst: „An einem Regentag beginnen die Farben zu leuchten; deswegen ist ein trüber Tag – ein Regentag – für mich der schönste Tag. Das ist ein Tag, an dem ich arbeiten kann. Wenn es regnet, bin ich glücklich." Aber auch Linien und Formen drücken die Persönlichkeit aus. Hundertwasser wählte vor allem horizontal verlaufende Linien, die Streifen bilden, wie die schneckenförmige Spirale. Bei den Formen dominiert für ihn die Kreisform. Seine Art zu malen zeigt auf, was er unter der Haut fühlt und denkt.

Regentropfenbild

Alter: ab 5 Jahren
Material: schwarzes Tonpapier DIN A3, Klebeband, Nadel, Augenbinde, Goldstift, evtl. Goldfarbe, Becher, Pinsel, Tafelkreide

Vorbereitung: Die Becher zur Hälfte mit Wasser füllen und die Kreiden eine Stunde vor Malbeginn in die Becher stellen. Das Zeichenpapier mit Klebeband auf die Arbeitsflächen fixieren.

In Hundertwassers Bildern kommen immer wieder ineinanderliegende Kreise vor, die so aussehen, als würde ein

Regentropfen in eine Pfütze fallen. In der folgenden Übung werden die Kinder aufgefordert, wie Hundertwasser mithilfe von Kreisen ein Bild zu gestalten.

Die Kinder bilden Paare und suchen sich eine Arbeitsfläche, auf der das Zeichenpapier mit Klebeband fixiert ist. Einem Kind werden die Augen mit der Augenbinde verbunden. Dieses Kind erhält eine Nadel und setzt diese zehnmal willkürlich auf dem Blatt auf. Das Partnerkind umfährt jeden Einstich mit dem Goldstift fünf- bis sechsmal mit einem Kreis. Der erste Kreis ist sicherlich noch sehr klein, je mehr Kreise das Kind um die Einstichstelle zieht, desto größer werden auch die Radien. Anschließend findet ein Rollentausch statt. Haben beide Kinder ihre Kreise gezogen, sind sicher auch sich überschneidende Flächen entstanden. Als eine Art Muster können die Kinder diese mit nasser Tafelkreide farbig ausmalen. Diese Farben leuchten besonders schön auf dem schwarzen Tonpapier. Das Bild wirkt auch

dann, wenn nicht alle Flächen ausgemalt sind. Auch in Hundertwassers Bildern lösen sich leuchtende Farben mit Schwarz ab.

Wellenbild

Alter: ab 5 Jahren
Material: Wachsmalstifte, pro Kind 1 Zeichenblatt DIN A3, Deckmalfarben in Schwarz, Pinsel, Becher; evtl. Klebstoff, Goldfolie, Schere

Wellenlinien tauchen immer wieder in Bildern von Hundertwasser auf. Er fühlte sich sehr eng mit dem Wasser verbunden. Er besaß ein eigenes Schiff und segelte damit. Sicherlich ließ er sich dabei von den Wellen im Wasser zu diesen Bildern inspirieren.

Die Kinder bilden Vierer-Gruppen und erhalten vier Wachsmalstifte in verschiedenen Farben. Jedes Kind entscheidet sich für einen anderen Wachsmalstift. Die Kinder legen die Zeichenblätter waagerecht vor sich auf den Maltisch. Auf dem Zeichenblatt legt jedes Kind zwei Punkte fest und markiert diese jeweils mit einem Punkt. Die Punkte sollten möglichst weit voneinander entfernt sein. Jedes Kind verbindet die beiden Punkte mit einer Wellenlinie. Dies geschieht nicht auf direktem Weg, sondern die Linie macht viele Umwege. Anschließend geben die Kinder das Blatt im Uhrzeigersinn weiter. Jetzt legt jeder Spieler wieder wie zuvor zwei Punkte fest und sucht sich einen neuen Wellenweg, um sie miteinander zu verbin-

den. Keine Wellenlinie darf die andere überschneiden. Dieser Spielzug wiederholt sich bei allen vier Mitspielern. Je mehr Spielrunden die Kinder spielen, desto schöner werden die Bilder. Sind die Spielrunden abgeschlossen, übermalt jedes Kind sein Bild mit wässriger schwarzer Deckmalfarbe. Dabei perlt die Farbe auf den Wellenlinien ab.

Tipp
Die Kinder können auch Reste von Goldfolie einfügen.

Farbbandbild

Alter: ab 5 Jahren
Material: Zeichenpapier DIN A4, Klebeband, schwarzer Faserstift, Temperafarbe, Becher, Pinsel

Gerade Linien, die mit dem Lineal gezogen wurden, mochte Hundertwasser nicht. Für ihn waren gerade Linien nicht natürlich, sondern vom Menschen erdacht. Eine natürliche Linie ist nach Hundertwasser eine krumme oder wellige, die ohne Lineal gezogen wurde. So sind denn auch seine Bilder mit zahlreichen welligen Linienbändern durchzogen, die sich z. T. nur in kleinen Farbnuancen unterscheiden.

Die Kinder bilden Paare. Jedes Paar erhält einen Bogen Zeichenpapier. Diesen fixieren sie hochformatig mit Klebeband am Maltisch. Sie setzen sich nebeneinander. Das Malen findet im Rollentausch statt. Das erste Kind überlegt sich eine Wellenlinie mit hohen und tiefen Wellen, die es von der Blattunterkante zur Blattoberkante malt. Dabei setzt es beim Malen den Stift nicht ab. Das zweite Kind lässt sich auf diese Linie ein und malt sie als parallele Linie direkt mit. Anschließend übernimmt das zweite Kind die Führung und gibt eine neue Linie vor. Das wiederholen die Kinder so lange, bis das Blatt mit parallel geführten Linien gefüllt ist. Dann erhalten die Kinder den Auftrag, ähnlich wie Hundertwasser die einzelnen Streifen mit einer Farbe auszumalen. Dabei kommt es darauf an, dass die Kinder für jeden Streifen eine andere Farbnuance mischen.

Aus Kreisen werden Bäume

Alter: ab 6 Jahren
Material: schwarzes Tonpapier DIN A4, Tonpapier in vielen verschiedenen Grüntönen, Goldfolie, Schere, Kleber, Kreide, Becher, Wasser
Vorbereitung: Die Becher zur Hälfte mit Wasser füllen und die Kreiden eine Stunde vor Malbeginn in die Becher stellen.

Hundertwasser beschäftigte sich sehr mit der Natur. Bäume in Form von Kreisen tauchen immer wieder in seinen Bildern auf. Der Baum als Symbol des Lebens ist meist als grüner Kreis in seinen Bildern zu finden.

Jedes Kind schneidet aus den grünen Tonpapieren viele verschiedenfarbige Kreise in unterschiedlichen Größen aus. Diese verteilen die Kinder auf ihrem Bogen Tonpapier, den sie waagerecht vor sich legen. Die grünen Kreise fixieren sie an entsprechender Stelle mit Kleber. Dabei dürfen die Kreise sich auch überschneiden. Jeder grüne Kreis steht symbolhaft für eine Baumkrone. Anschließend schneiden die Kinder pro Kreis je ein goldenes Rechteck zu. Jedes Rechteck setzen die Kinder unter einen Stamm. So füllt sich allmählich das Blatt mit vielen verschiedenen Bäumen. Jeder Baum benötigt einen Boden, aus dem er herauswachsen kann. Die Kinder malen mit nasser Kreide von links nach rechts mehrere Wellenlinien in verschiedenen Farben. Diese Wellenlinien stellen den Boden der Bäume dar. Es sind genügend Wellenlinien im Bild enthalten, wenn jeder Baum mindestens von einer Wellenlinien am unteren Stamm berührt wird.

Tipp

Die Kinder können das Bild noch weiter mit farbiger Kreide ausgestalten, indem sie die durch die Wellenlinien entstandenen Zwischenräume z.B. mit Blumen und Häuschen füllen.

Das Hundertwasser-Spiel

Alter: ab 5 Jahren
Material: Würfel, Wachsmalstifte, 1 Pappkarton DIN A3 pro Spielgruppe, Gold- oder Silberfolie oder Folienreste

Spiralen in Form einer Schnecke, Kreise in verschiedenen Größen, Wellenlinien und Goldeffekte spielen in den Bildern von Hundertwasser eine große Rolle. Um Kindern dies bewusst zu machen, eignet sich das folgende Spiel.

Die Kinder bilden Fünfer-Gruppen. Das Zeichenpapier legen sie in die Mitte. In der Waagerechten ziehen sie Wellenlinien von der einen Seite zur anderen. Dadurch teilen die Kinder ihren Zeichenbogen in ungefähr 20 Streifen ein.
Die Kinder spielen mit einem Würfel. Entsprechend der gewürfelten Augenzahlen haben die Kinder verschiedene malerische Aufgaben in den einzelnen Streifen zu erfüllen.
1 Auge: Die Kinder malen Spiralen in der Form eines Schneckenhauses mit Wachsmalfarben in einen beliebigen Streifen hinein.
2 Augen: Die Kinder füllen einen Streifen mit vielen Kreisen, die mit dem Wachsmalstift ausgemalt werden.
3 Augen: Die Kinder malen einen beliebigen Streifen mit zahlreichen Wellenlinie aus.
4 Augen: Die Kinder gestalten einen beliebigen Streifen mit glänzender Folie aus.
5 Augen: Das Kind muss aussetzen und ist einem anderen Kind behilflich, das mit der Ausgestaltung noch nicht fertig ist.
6 Augen: Die Kinder dürfen sich eine Gestaltungsaufgabe unter den ersten vier auswählen.

Die zweite Haut: Die Kleidung

Die zweite Haut bildet die Kleidung des Menschen. Hundertwasser wendet sich in seiner Theorie gegen das Mode-diktat und damit auch gegen das Markendiktat. Bei der Wahl der Kleidung geht es laut Hundertwasser alleine darum, sich in der Kleidung wohl zu fühlen. Deshalb sollen die Menschen die Kleidung tragen, die ihnen gefällt und in der sie sich wohlfühlen.

Kleiderdesign

Alter: ab 4 Jahren
Material: 1 weißes T-Shirt pro Kind, Textilmalfar-ben, Plastikfolie, Textilkleber, Stoffreste, Filze in bunten Farben, Schere

Hundertwasser plädierte für die Individualisierung der Kleidung. Jeder sollte das anziehen dürfen, was ihm ge-fällt und worin er sich wohlfühlt. Tragen alle Menschen die gleiche Kleidung, ist der Mensch uniformiert. Hun-dertwasser war es wichtig, dass jeder durch seine Klei-dung etwas über seine Individualität aussagt.

Jedes Kind erhält ein weißes T-Shirt. Die Kinder be-trachten die T-Shirts unter dem Aspekt, worin sie sich voneinander unterscheiden. Woran würden wir nun unser T-Shirt erkennen, wenn wir alle auf einen Stapel legen würden? Anschließend erhalten die Kinder den Auftrag, ihr T-Shirt mit Textilfarbe indi-viduell zu gestalten. Dazu schieben sie Plastikfolie zwischen Rückseite und Vorderseite des T-Shirts, so dass sich die Textilmalfarbe beim Bemalen nicht durchdrückt. Wer möchte, kann in das T-Shirt auch Fransen oder Löcher schneiden oder es mit Textil-kleber und Stoffmotiven bekleben.
Die fertigen T-Shirts legen die Kinder auf einen ge-meinsamen Stapel, aus dem jedes Kind sein T-Shirt wieder herausfinden soll. Je individueller die T-Shirts gestaltet sind, desto schneller finden die Kinder ihr T-Shirt im Stapel. Anschließend erzählen sie einan-der, woran sie ihr T-Shirt erkannt und warum sie es auf diese Weise gestaltet haben.

Ausstellung mit Wohlfühlkleidern

Alter: ab 4 Jahren
Material: Wäscheklammern, Wäscheleine, Klei-dungsstücke der Kinder

Für Hundertwasser gab es kein Modediktat. Er forderte, dass alle Menschen die Kleidung tragen, in der sie sich am wohlsten fühlen.

Die Kinder erstellen eine Ausstellung mit Wohlfühl-kleidern. Dazu erhalten sie den Auftrag, in ihrem Kleiderschrank bewusst ein Kleidungsstück auszusu-chen, in dem sie sich besonders wohl fühlen. Dieses Kleidungsstück bringen sie in die Einrichtung mit. Dort spannen die Kinder eine lange Wäscheleine, an die sie mit Wäscheklammern ihr Wohlfühlkleidungs-stück hängen. Gemeinsam durchwandern die Kinder ihre kleine Wohlfühlkleiderausstellung. Sie erzählen einander, warum sie sich in diesem Kleidungsstück besonders wohl fühlen und zu welchen Gelegen-heiten sie es tragen.

Die dritte Haut: Das Haus des Menschen

Die dritte Haut des Menschen ist das Haus. Hundertwasser setzte sich als Architekt für menschengerechtes Wohnen ein und baute kunterbunte Häuser zum Wohlfühlen.

Bunte Häuser

Alter: ab 5 Jahren
Material: Kopie der Zeichenvorlage, Buntstifte, Filzstifte oder Wachsmalkreide

Hundertwasser war nicht nur Maler, sondern auch Architekt. Sein Anliegen bestand darin, Häuser „gesund" zu machen. Kranke Häuser waren seiner Meinung nach die Häuser, die grau, unbewachsen und ohne Bepflanzung sind. Bei seiner Medizin, die er diesen Häusern verschrieb, spielte Farbe eine besondere Rolle. An einem Haus genügte ihm nicht nur eine Farbe, sondern er liebte es bunt und farbenfroh. Das von ihm formulierte Fensterrecht spielte dabei eine besonders wichtig Rolle. Danach

sollte jeder Bewohner eines Hauses die Fenster seiner Wohnung außen so weit gestalten dürfen, wie sein Arm aus seinem Fenster hinausreicht. Darüber hinaus war Hundertwasser die Bepflanzung der Häuser und Häuserdächer wichtig. Deshalb sollten aus den Dächern und von den Terrassen Bäume wachsen.

Die Kinder erhalten eine DIN-A4-Fotokopie der Hausabbildung (s. unten). Diese malen die Kinder im Sinne von Hundertwasser so aus, dass aus diesem trostlos aussehenden Haus eine wahre „Villa Kunterbunt" wird. Wenn die Kinder fertig sind, vergleichen sie ihre Vorstellungen eines kunterbunten Hundertwasser-Hauses miteinander. Wer war wohl der fantasievollste Architekt, die farbenfrohste Architektin?

Hundertwasser-Würfelspiel

Alter: ab 5 Jahren
Material: vergrößerte DINA3-Kopie der beige-
fügten Zeichnung, Buntstifte, Goldpapier, Schere
Würfel; Kleber, Tonpapier in Weiß

*Hundertwasser gestaltete Häuser als bunte Gesamt-
kunstwerke. Die Kinder entwerfen auf spielerische Weise
ein Hundertwasser-Haus.*

Jedes Kind erhält eine Kopie der Zeichnung (s. oben).
Die Kinder gehen in Vierer- oder Fünfergruppen zusammen. In der Mitte ihres Arbeitstisches fixieren
sie das Tonpapier mit Klebeband. Mit Spielbeginn
malen die Kinder die verschiedenen Segmente der
Zeichnung bunt aus. Gleichzeitig wandert der Würfel im Uhrzeigersinn von Kind zu Kind.

1 Auge: Das Kind, das eine 1 erwürfelt hat, schneidet ein ausgemaltes Segment aus und klebt es auf das
Tonpapier.

2 Augen: Das Kind, das eine 2 erwürfelt hat, schneidet zwei ausgemalte Segmente aus und klebt sie auf.
3 Augen: Das Kind, das eine 3 erwürfelt hat, schneidet drei ausgemalte Segmente aus und klebt sie auf.
4 Augen: Das Kind, das eine 4 erwürfelt hat, be-
reichert die Hausfront oder das Hausdach um einen
Baum, den es mit Buntstift direkt auf die Collage auf-
malt.
5 Augen: Das Kind, das eine 5 erwürfelt hat, schneidet kleine dekorative Elemente aus Goldfolie aus
und klebt sie in das Bild, um damit die Häuserfront
des in der Entstehung befindlichen Hundertwasser-
Hauses zu bereichern.
6 Augen: Das Kind, das eine 6 erwürfelt hat, schneidet ein goldenes Zwiebeltürmchen aus Goldfolie zu
und klebt es innerhalb des Bildes auf ein Segment.

Das Spiel ist beendet, wenn ein Kind kein Hausseg-
ment mehr besitzt, um es bei erwürfelter Augenzahl
ausschneiden und aufkleben zu können.
Ziel des Spieles ist es, durch die Zusammenführung
der verschiedenen Arbeitsaufträge ein zusammenhängendes Hundertwasser-Haus zu gestalten.

Spielplatzhaus in Hundertwasser-Manier

Alter: ab 6 Jahren
Material: Wachsmal-, Filz- oder Buntstifte, Zeichenpapier

Hundertwasser gestaltete als Architekt viele verschiedene Gebäude wie Kirchen, Bahnhöfe und Kindergärten. Dabei nannte er sich „Architekturdoktor". Denn seiner Meinung nach sind viele Gebäude deshalb krank, weil sie zu viele gerade Linien haben, zu grau sind und über zu wenig Natur verfügen.

Im Sinne von Hundertwasser entwerfen die Kinder ihr Hundertwasser-Spielplatzhaus mit Wachsmal-, Filz- oder Buntstiften auf Zeichenpapier.
Wie müsste ein Haus aussehen, das nur Spielplatz wäre? Vielleicht besteht das Haus aus einem Turm, um welchen eine Rutsche von oben bis unten führt. Vielleicht wachsen aus den Fenstern Leitern oder oben auf dem Turm befindet sich ein Kettenkarussell. Auf jeden Fall wird das Spielplatzhaus kunterbunt sein.
Haben die Kinder ihre Entwürfe gemalt, stellen sie sich gegenseitig ihre Zeichnungen vor und erzählen einander, was ihrer Meinung nach zu einem Hundertwasser-Spielplatzhaus dazugehört.

Hundertwasser-Säule

Alter: ab 6 Jahren
Material: Toilettenpapierrollen, Styroporkugeln, Papprollen von Haushaltstüchern usw., Klebstoff, Gold- oder Silberfolie, Geschenkpapier, Temperafarbe, Pinsel, Becher, Metallstange in Zimmerhöhe (Ø 2–4 mm, aus dem Baumarkt), Baumscheibe (Ø 20–25 cm, 7–10 cm dick), Holzbohrer

An Häusern, die Hundertwasser entworfen und gebaut hat, befinden sich überall Säulen, die aus bunten oder glänzenden zylindrischen Formen und Kugeln bestehen.

Die Kinder suchen sich aus den Papprollen die aus, die sie bemalen und bekleben möchten. Die Kugeln hüllen sie in Gold- oder Silberfolie oder wickeln sie in Geschenkpapier ein. Die Kinder bohren mithilfe des Holzbohrers und der Unterstützung der Erzieherin in die Mitte der Baumscheibe ein tiefes Loch, in welches sie anschließend die Metallstange einsetzen. Dann arrangieren sie ihre Kugeln und Papprollen zu einer bunten Säule, indem sie die einzelnen Teile auf die Metallstange auffädeln, bis diese eine farbenprächtige Säule ergibt. Die Säule können die Kinder als Raumdekor im Zimmer aufstellen.

Mein Fensterrecht

Alter: ab 5 Jahren
Material: Tapetenrollen, Bleistift, Wachsmalstifte, Schere, Temperafarbe, Pinsel, Becher, Klebeband

Hundertwasser formulierte das Fensterrecht folgendermaßen: „Ein Bewohner muss das Recht haben, sich aus dem Fenster zu lehnen und außen an der Außenwand alles umzugestalten, soweit sein Arm reicht, damit man von Weitem sehen kann: Dort wohnt ein Mensch."

Die Kinder rollen Tapete auf dem Schulhof oder auf einem freien Platz aus. Sie setzen sich so auf die Tapete, dass alle genügend Platz um sich herum haben. Sie kreisen nun ihren Sitzplatz mit Bleistift ein. Anschließend schneiden die Kinder diese Einkreisung aus und malen ein Fenster da hinein, so dass ein Rahmen das Fenster umgibt. Dieses Fenster samt Rahmen gestalten die Kinder nun im Sinne von Hundertwassers Fensterrecht. Haben alle Kinder ihren Fensterbereich ausgestaltet, fixieren sie alle Fenster an einer großen eintönig wirkenden Wand.

Hundertwasser-Schachtelhaus

Alter: ab 7 Jahren
Material: viele verschiedene Schachteln, Kartons, Kisten, Papprollen, Schuhkartons, Joghurtbecher usw., Farben, Pinsel, Becher, Folienreste, Goldfolie, Filzreste, Geschenkpapier, Naturmaterialien, Klebstoff, Styroporkugeln usw.

Hundertwasser baute fantastische Häuser. Die Kinder errichten gemeinsam ein Haus aus Pappschachteln in seinem Stil.

Die Kinder suchen sich aus der Vielfalt an Schachteln, Kartons und Pappröhren einige aus und bemalen oder bekleben diese bunt oder glänzend. Dabei sollte auf keinen Fall das Einmalen der Fenster vergessen werden. Anschließend setzen sie die gestalteten Teile zu einem Haus zusammen und fixieren die Teile so aneinander, dass sich ein zusammenhängendes Haus mit Türmchen, goldenen Kuppeln und bunten Säulen ergibt. Zum Schluss fixieren die Kinder Äste und Zweige am Schachtelhaus, um es im Sinne von Hundertwasser zu bewalden und zu bepflanzen.

Die vierte Haut: Das soziale Umfeld und die Identität

Zum Wohlfühlen spielen Familie, Freunde und die Gesellschaft, in der man lebt, eine wichtige Rolle. Hundertwasser befasste sich mit Zeichen und Symbolen verschiedener Gemeinschaften.

Lebensumfelder erkennen und betrachten

Alter: ab 5 Jahren
Material: Zeitschriften, Schere, Zeichenpapier, Kleber

Hundertwasser war davon überzeugt, dass das Lebensumfeld den Menschen prägt und Einfluss auf ihn nimmt. Es kann sich hierbei um das soziokulturelle Umfeld ebenso handeln wie um die Religion oder auch das Land, in dem jemand aufwächst. Welche Lebensumfelder sind den Kindern bekannt?

Die Kinder bilden Vierergruppen. Jede Gruppe erhält einen Bogen Zeichenpapier und teilt sich diesen in zwei gleich große Hälften, ohne ihn auseinander zu schneiden. In die eine Hälfte kleben die Kinder Szenen, Situationen und Abbildungen, die sie in den Zeitschriften gefunden haben und die sie aus ihrem Lebensumfeld kennen. In die andere Hälfte kleben sie solche, die ihnen fremd sind.
Anschließend tauschen sich die verschiedenen Gruppen darüber aus, welche Bilder sie aus welchen Gründen in die verschiedenen Blatthälften geklebt haben.

Variante

Die Collage können die Kinder auch unter bestimmten Themen erstellen:
- Reiche Welt – arme Welt
- Leben in der Sonne – Leben im Schnee
- Krankheit – Gesundheit
- Leben im Krieg – Leben im Frieden

Meine kleine Lebenswelt

Alter: ab 5 Jahren
Material: pro Kind 1 Schuhkarton, Temperafarbe, Pinsel, Becher, Kleber, Schere, Fotos der Kinder und der ihnen wichtigen Personen, evtl. typische Accessoires der Angehörigen (z. B. 1 Locke, 1 Schriftzug, 1 Haarnadel)

Hundertwasser bezeichnete das Lebensumfeld innerhalb der Familie für die eigene Identitätsfindung als besonders wichtig.

Jedes Kind erhält einen Schuhkarton und bemalt diesen außen individuell.
Die Kinder werden aufgefordert, Fotos von Menschen aus ihrem unmittelbaren Umfeld zusammenzutragen und natürlich auch ein Foto von sich selbst. Das eigene Foto kleben die Kinder zentriert auf den Boden des Schuhkartons. Die anderen Fotos kleben sie um ihr eigenes Foto herum. Sie haben die Möglichkeit, zu jedem Foto noch etwas besonders Typisches für die entsprechende Person zu kleben. Das kann eine winzige Locke der Schwester sein, ein Schriftzug vom Papa, eine Haarnadel der Mama usw. Mit diesen kleinen Schaukästen dokumentieren die Kinder ihr direktes Lebensumfeld in einer kleinen Ausstellung.

Die fünfte Haut: die Ökologie

Die fünfte Haut des Menschen ist die Natur und damit die Umwelt. Mit ihr gehen wir laut Hundertwasser nicht sorgsam genug um. Wir sollten sie schützen und sie umsorgen, denn ohne sie sind wir nicht lebensfähig.

Pflanzen eines Weidenhauses

Alter: ab 5 Jahren
Material: Rosenschere, ca. 2–3 m lange Weidenruten, Wasserbottich, Gießkanne, Eisenstange, Hammer

Hundertwasser lag die Ökologie, d. h. die Beziehung der Lebewesen zu ihrer Umwelt, besonders am Herzen. Eine besondere Rolle spielten dabei Bäume, die dem Menschen den lebensnotwendigen Sauerstoff spenden. Deshalb bewaldete er Häuser und machte es sich zur Aufgabe, Bäume zu pflanzen und zu pflegen.

Im Frühjahr, wenn die Weiden noch keine Blätter haben, schneiden die Kinder mit der Erzieherin bei einem Spaziergang gleich lange Weidenruten. Sie wässern diese ein bis zwei Wochen in einem Wasserbottich. Dabei ziehen die Weiden im Wasser kleine Wurzeln.
Die Kinder streuen mit Sand einen großen Kreis auf die Erde. Der Kreis muss so groß sein, dass mindestens zwei Kinder sich hineinsetzen und die Arme ausbreiten können. Entlang dieser Linie bohren die Kinder in einem Abstand von 20 cm mit einer Eisenstange 15 cm tiefe Löcher in regelmäßigem Abstand. An einer Stelle achten sie auf eine große Lücke, der späteren Tür ins Weidenhaus. Jedes dieser Löcher gießen sie mit Wasser auf. In die Löcher stecken die Kinder die Weidenruten, füllen sie mit Erde auf und drücken sie um die Ruten herum an. Sind alle Weidenruten gesteckt, binden die Kinder mit Bast die oberen Spitzen zusammen, so dass eine Art Indianer-Tipi entsteht.

In den folgenden Wochen pflegen die Kinder die gesetzten Weiden und gießen sie regelmäßig. Die Weiden verwurzeln schnell in der Erde und kleine grüne Blätter schlagen aus. So wird das Weidenhaus blickdicht und die Kinder können sich dorthin zurückziehen. Gleichzeitig haben sie im Sinne von Hundertwasser neue kleine Weiden gepflanzt, die für neuen Sauerstoff auf dieser Erde sorgen.

Ein Blumenlabyrinth

Alter: ab 5 Jahren
Material: Sand, Tulpen-, Narzissen-, Krokuszwiebeln, Löffel

Hundertwasser mochte es bunt und eines seiner Lieblingsmotive war die Spirale. Gleichzeitig war er um den Erhalt und die Schönheit der Natur bemüht. Die Kinder gestalten ein Blumenlabyrinth im Andenken an Hundertwasser.

Im Herbst streuen die Kinder mit Sand eine Spirale in Form eines Schneckenhauses dorthin, wo die Blumenspirale in der Anlage ihren Platz finden soll. Die Blumenzwiebeln setzen die Kinder entlang der Sandlinie. Sie bohren in regelmäßigem Abstand mit einem Löffel Löcher in den Boden. Dabei setzen sie die Krokusse ins Innere der Spirale, als nächstes folgen die Narzissen und als letztes die Tulpen. Auf diese Art und Weise gestaltet, blüht die Spirale bei guter Pflege im Frühjahr von innen nach außen. Zuerst blühen die Krokusse, dann die Narzissen und zuletzt die Tulpen.

Ich gestalte Grafiken

Alter: ab 5 Jahren
Material: pro Kind 1 Styreneplatte DIN A4 (feinporige Styroporplatte, im Bastel- und Kunstbedarf erhältlich), Ritzwerkzeug (z. B. Stricknadel, leerer Kugelschreiber, Stopfnadel, angespitzter Bleistift), Linoldruckwalze, Linoldruckfarbe in Schwarz, Glasplatte oder eine andere glatte, abwaschbare Fläche, Tonpapier in vielen bunten Farben

Hundertwasser hat seine Bilder als Grafiken vervielfältigt. Dies gelang ihm durch Drucktechniken. Die Kinder stellen wie Hundertwasser kleine bunte Grafiken her.

Die Kinder ritzen das Lieblingsmotiv von Hundertwasser, eine schneckenähnliche Spirale, über die gesamte Styreneplatte. Auf die Glasplatte geben sie einen kleinen Klecks Linoldruckfarbe. Diese Farbe rollen sie mit der Walze mehrmals über der Glasplatte aus. Ist ein knatschendes Geräusch zu hören, ist die Farbe druckfertig. Die Kinder rollen nun den Druckstock mit Farbe ein. Dann nehmen sie entsprechend dem zugeschnittenen Bogen Tonpapier eine der Platten, legen diese auf den Druckstock auf, streichen mit der Hand über das Papier, um es leicht anzudrücken, und ziehen dann das Papier wieder vom Druckstock ab. Es erscheint ein spiegelverkehrter Abdruck der Spirale auf dem Papier, wobei die in Styropor eingedrückte Spirale in der Farbe des Tonpapiers sichtbar wird.

Tipp
Diese bunten Grafiken können die Kinder als Postkarten oder vielleicht als Einladungskarte für eine eigene kleine Hundertwasser-Ausstellung in der Einrichtung verwenden.

Farben selbst herstellen

Alter: ab 5 Jahren
Material: pro Farbe 1 Eigelb, verschiedene Farbpigmente (im Künstlerbedarf erhältlich), verschiedene Schüsseln, Schneebesen, Teelöffel; evtl. Lebensmittelfarben

Hundertwasser benutzte selbst hergestellte Farben. Er behauptete, diese seien in der Farbintensität viel stärker und hätten eine viel größere Leuchtkraft. Er bediente sich dabei – wie schon Künstler viele Jahre zuvor – der Eitemperafarbe.

Pro Ei entsteht eine Farbe. Die Kinder trennen das Eiweiß vom Eigelb. Das Eigelb stellt das Bindemittel zur Herstellung von Farbe dar. Unter je ein Eigelb mischen die Kinder nun einen flach gestrichenen Teelöffel Farbpigment. Mit dem Schneebesen quirlen die Kinder die Farbe kurz schaumig und schon kann das Malen beginnen.

Tipp
Statt der Farbpigmente können jüngere Kinder zur Herstellung von Farbe auch Lebensmittelfarben verwenden.

Ein Mann sieht Blau: Yves Klein (1928–1962)

Yves Klein entwickelte seine Farbe und sein Material selbst

Yves Klein wurde 1928 in Nizza (Frankreich) geboren und war bereits als Kind sehr fantasievoll. Kein Wunder, denn er wurde in eine kreative Familie

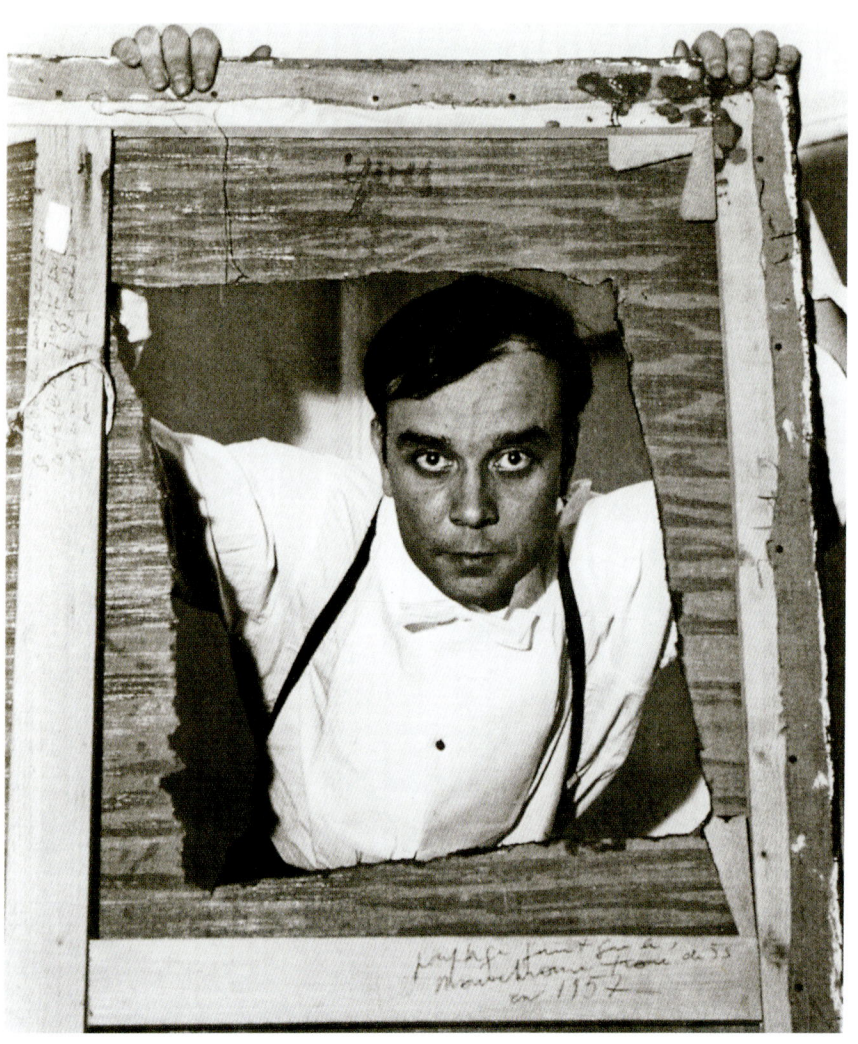

Fotografie von Yves Klein mit monochromem Bild von 1957,
© Harry Shunk, New York

hinein geboren und war dort von Künstlerfreunden umgeben. Sowohl sein Vater Fred Klein als auch seine Mutter Marie Raymond waren Maler. Neben den Eltern war Yves' Tante eine besondere Ansprechpartnerin für ihn.

Yves faszinierte alles, was geheimnisvoll ist. Darüber hinaus interessierte er sich für Judo und reiste mit 18 Jahren nach Italien, Spanien und später auch nach Japan, wo er sich den schwarzen Judogürtel erkämpfte, den ranghöchsten Gürtel, den man erreichen kann. Nach Paris zurückgekehrt, entschied er sich, Künstler zu werden. Besonders Farben hatten es ihm angetan. Er experimentierte mit ihnen, untersuchte ihre optische Wirkung, wie sie strahlen und wie sie zusammengesetzt sind. Er malte Bilder in einer einzigen Farbe. Neben Blau sind Pink und Gold wichtige Farben in den Arbeiten von Yves Klein. Diese Bilder sind einfarbig. Wenn Bilder nur eine Farbe haben, nennt man dies monochrom. Monochrome Bilder sind typisch für Yves Klein. In seiner Farbbegeisterung entwickelte er eine eigene Blaumischung, ein leuchtendes Ultramarinblau. Er nannte die Mischung „IKB" für „Internationales Klein Blau" und ließ sich die Farbe als Erfindung sogar schützen. Sie begleitete ihn während seines gesamten künstlerischen Schaffens. Mit Ultramarinblau malte er nicht nur Bilder, er benutzte Blau auch, um Gegenstände zu überziehen, indem er sie in die Farbe hineintauchte. Auch Körperabdrücke brachte er in Ultramarin auf die Leinwand. Die Körperabdruckbilder – es handelt sich dabei um inszenierte Bildentstehungsprozesse in Anwesenheit von Publikum – entstanden begleitet von einer musikalischen Eigenkomposition, Yves' „Symphonie monochrom", die sich aus einem einzigen Ton zusammensetzt. Solche Inszenierungen nennt man auch „Happening". Nackte Modelle wurden mit ultramariner Farbe eingestrichen und pressten ihre Körper auf Leinwand. Dabei hinterließen sie eine Farbspur auf der Leinwand. Ein weiteres wichtiges Gestaltungsmaterial waren Schwämme. Die Struktur und die Fähigkeiten eines Naturschwammes faszinierten Klein, insbesondere seine Fähigkeit, Flüssigkeiten aufzusaugen und zu speichern. Er benutzte sie als Werkzeug, um Farbe aufzutragen, und als Farbträger auf der Leinwand. Mit ihnen gestaltete er Bilder und Skulpturen und natürlich, wie könnte es anders sein, sind auch diese später ultramarinfarben. Daneben interessiert sich Yves in seinem künstlerischen Schaffen für den Raum, die Stille, für Regen, Wind und Feuer. In diesem Zusammenhang malte er auch Bilder mithilfe von Feuer. Bereits im Alter von 34 Jahren starb er 1962 an einem Herzinfarkt in Paris.

Yves Klein, **Schwämme**, 1960–1962, Pigment und synthetisches Bindemittel auf Schwämmen, Paris, Musée National d'Art Moderne, Ausstellungsinstallation, © VG Bild-Kunst, Bonn 2007

Kinder erleben die Arbeitsweise von Yves Klein

Blau ist Kleins Lieblingsfarbe

Alter: ab 4 Jahren
Material: Zeitschriften, Schere, Kleber, Zeichenpapier DIN A4

Nicht irgend ein Blau begeisterte Yves Klein, sondern ein ganz bestimmtes. Mit ihm gestaltete er den größten Teil seines künstlerischen Werkes. Im nachfolgenden Angebot arrangieren die Kinder eine Collage mit ganz vielen unterschiedlichen Blautönen. Anschließend suchen sie sich ihren Lieblingsblauton aus der Vielzahl an Blautönen heraus.

Die Kinder suchen in Zeitschriften nach Seiten, auf denen die Farbe Blau vorkommt. Enthält eine Seite einen Gegenstand in Blau, so schneiden die Kinder diesen aus. Ist eine Seite ganz blau, so reißen oder schneiden sie davon nur ein Stück heraus. Die vielen verschiedenen Blauschnipsel kleben die Kinder dicht an dicht auf das Zeichenpapier, so dass anschließend kein Weiß mehr zu sehen ist. Dort, wo noch kleine weiße Stellen herausschauen, kleben die Kinder blaue Schnipsel darüber. Sind die blauen Collagen aller Kinder fertig, schauen sie sich ihre Bilder gemeinsam an und vergleichen die Blautöne, die in den Bildern vorkommen, und suchen sich ihren Lieblingston heraus.

Experimente im Farblabor

Alter: ab 5 Jahren
Material: Farbpigment in Blau, Gläschen, 5 Schüsseln, Löffel, 1 Eigelb, 1 EL Leinöl, 250 g Quark, Wasser, 2 EL Sahne, 2 EL Milch, Zeichenpapier, Pinsel; evtl. Kleister, Lebensmittelfarben

Yves Klein machte eine Ausbildung in einer Rahmen- und Vergoldungswerkstatt. Dort musste er häufig auch die Bilderrahmen vergolden oder aber auch mit ganz speziellen Farben versehen, die er zuvor mithilfe von Farbpigmenten gemischt hatte. Dabei erwarb er die Fähigkeit, sein spezielles Blau zu mischen. Farben lassen sich rasch selbst herstellen. Dazu benötigt man Bindemittel und Farbpigmente. Natürliche Bindemittel sind z.B. Eier, Leinöl, Quark, Sahne und Milch.

Die Kinder geben in fünf verschiedene Schüsseln folgende Zutaten:
Schüssel 1: 250 g Quark mit etwas Wasser
Schüssel 2: ein Eigelb
Schüssel 3: einen Esslöffel Leinöl
Schüssel 4: zwei Esslöffel Milch
Schüssel 5: zwei Esslöffel Sahne.

Anschließend geben die Kinder in jede Schüssel einen Teelöffel blaues Farbpigment. Dann verrühren sie die verschiedenen Massen und beobachten die Entstehung blauer Farbe. Die Farben unterscheiden sich durch ihre Konsistenz und ihre Farbdichte. Die Kinder stellen ein Farbprobenbild mit den fünf verschiedenen Farben her, indem sie die Farben auf Papier auftragen.

- Wie verhalten sich die Farben auf Papier?
- Wie lassen sie sich vermalen?
- Wie wirken sie, wenn sie eingetrocknet sind?
- Worin unterscheiden sie sich?
- Wie farbintensiv sind sie?

Anschließend probieren sie aus, was sie tun müssen, um die Farbintensität zu verstärken oder abzuschwächen. Dabei werden die Kinder zu richtigen Farbspezialisten. Natürlich kann das Farblabor auch mit jedem andersfarbigen Pigment durchgeführt werden.

Variante 1

Auch Kleister stellt ein Bindemittel dar. Auf ein Glas Kleister könnten die Kinder einen Teelöffel Farbpigment geben.

Variante 2

Statt der pulverisierten Farbpigmente können auch Lebensmittelfarben verwendet werden.

Blaue Farben aus Farbpigmenten

Alter: ab 5 Jahren
Material: blaue, weiße, rote und gelbe Temperafarbe, Teelöffel, mehrere alte Teller oder alte Fliesen oder Kacheln, Pinsel, 1 große Leinwand (mindestens 50 × 70 cm)

Für Yves Klein war das Entdecken seines Blautones mit viel Zeit und Arbeitsaufwand verbunden. Dazu mischte er immer wieder verschiedene Farbtöne miteinander, bis er sein ganz spezielles Blau fand. In diesem Angebot gilt es, Mischverhältnisse zu erproben und herauszufinden, was passiert, wenn verschiedene Farben auf die Farbe Blau treffen.

Die Kinder verteilen zunächst drei Teller auf dem Tisch. Sie dienen als Farbenmischpalette. In jeden Teller geben sie einen Teelöffel Blau und einen fingernagelgroßen Klecks einer anderen Farbe. Mit einem Pinsel vermischen sie jeweils die beiden Farben im Teller. Dann diskutieren sie gemeinsam:

- Wie verändern sich die Farben?
- Werden sie dunkler oder heller?
- Wie sieht die neue Farbe aus?
- Wo kommt sie in der Natur oder an Gegenständen vor.
- Kann man diese Farben jetzt noch alle als Blau bezeichnen?
- Woran erinnern sich die Kinder bei den ermischten Farbtönen?
- Entsprechend ihrer Assoziationen geben die Kinder den Blautönen Namen.
- Sie probieren nun auf den noch verbleibenden Tellern andere Mischverhältnisse aus.
- Was passiert, wenn ich dem Ursprungsblau noch mehr Weiß, Rot oder Gelb beimische?
- Was geschieht, wenn ich weniger Farbe benutze, um sie unter das Blau zu mischen?
- Lassen sich die Blautöne miteinander mischen?

Mit den nun zahlreich entstandenen Blautönen bemalen die Kinder gemeinsam eine große Leinwand ganz in Blau, aber dennoch „blaubunt".

Ich gestalte einen Bilderrahmen

Alter: ab 4 Jahren
Material: pro Kind 1 zugeschnittener Rahmen aus Pappe (alternativ: Plakatkarton oder Pappe), verschiedene Farben (Wachsmalstifte, Buntstifte, Temperafarbe, Filzstifte), verschiedene Papiersorten (Seidenpapiere, Krepppapiere, Wellpappe usw.), Goldfolien, Alufolie, Kataloge, Zeitschriften, Dinge aus der Krimskramskiste (Glitzersterne, alte Knöpfe, Geschenkbänder, Glitzer), Naturmaterialien (gepresste Blumen und Blätter, Muscheln, Sand usw.), Schere, Kleber, evtl. Foto eines jeden Kindes oder ein Selbstporträt
Vorbereitung: Aus einem 30 × 40 cm großen Plakatkarton (oder Pappe) für jedes Kind einen Passpartoutrahmen zuschneiden. Dazu mittig zentriert ein Sichtfenster in beliebiger Größe schneiden. Die Rahmenbreite sollte auf allen Seiten mindestens 6 cm sein.

Während seiner Ausbildung in einer Rahmen- und Vergoldungswerkstatt stellte Yves Klein passende Rahmen für Bilder her. Im nachfolgenden Angebot werden die Kinder wie Yves Klein zu Rahmenmachern, die für das eigene Porträt einen geeigneten Rahmen herstellen.

Jedes Kind erhält einen zugeschnittenen Rahmen aus Pappe mit dem Auftrag, diesen nach eigenem Geschmack zu bekleben, zu bemalen oder anders auszugestalten. Der Fantasie sind dabei keine Grenzen gesetzt. Jeder Rahmen sagt sehr viel über seinen Macher aus. Da finden sich sicherlich glitzernde rosa Rahmen neben den Rahmen von Fußballfans oder Autofreaks.

Tipp
Kleben die Kinder ein Foto von sich in den Rahmen oder gar ein Selbstporträt, ist das ein schönes, aus Kinderhand gefertigtes Geschenk für besondere Festtage.

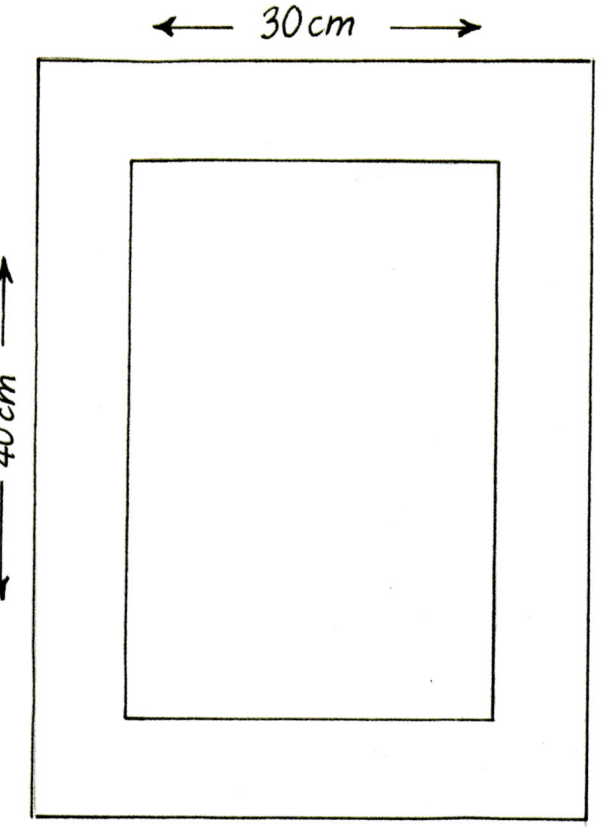

Lieblingsfarbenbild

Alter: ab 4 Jahren
Material: pro Kind 1 Leinwand (30 × 30 cm), Temperafarben, dicke Pinsel, Becher

In seiner Lieblingsfarbe Ultramarinblau malte Yves Klein – mit nur einigen experimentellen Ausnahmen – alle seine Bilder. Man nennt sie monochrome Bilder, weil sie aus nur einer Farbe bestehen. Viele Menschen glauben, es ist einfach, ein Bild in nur einer Farbe zu malen. Aber Yves Klein merkte bald, dass das Bemalen einer Leinwand in einer Farbe schwieriger ist, als man vermutet, denn es braucht ganz besondere Sorgfalt, um ein Bild einheitlich in einer Farbe zu überziehen.

Jedes Kind erhält eine Leinwand und entscheidet sich für seine Lieblingsfarbe. Mit dieser malt es die gesamte Leinwand aus, bis kein weißer Untergrund mehr sichtbar ist. Sicher müssen die Kinder dabei mehrmals über die Leinwand streichen, bis sie einen einheitlichen Farbton in der gewählten Lieblingsfarbe erhalten. Sind alle Bilder getrocknet, legen die Kinder ihre Leinwände zu einem Bild zusammen. Dann wird die Lieblingsfarbe eines jeden Kindes zu einem Teil eines Gesamtbildes. Wenn Yves Klein gemeinsam mit seinen Freunden ein Bild gemalt hätte, hätte es sicher ebenso ausgesehen.

Tipp
Jedes Bild erhält im Rahmen dieses Gesamtkunstwerkes seine Wirkung, wenn man beim Aufhängen oder Auslegen der Bilder 3 cm Platz zwischen jeweils zwei Leinwänden lässt.

Bild in Ultramarin

Alter: ab 5 Jahren
Material: Farbpigment Ultramarin, Zeichenpappe, Kleister, Schüssel, Schneebesen, mehrere kleine Schüsseln, Teelöffel, Sand

In manche Bilder arbeitete Yves Klein Materialien ein, wodurch ihre Einfarbigkeit Struktur erhielt.

Die Kinder rühren etwas Kleister entsprechend der Verpackungsbeschreibung an. Den Kleister verteilen sie auf verschiedene kleine Schüsseln. Jedes Kind fügt seinem Kleister so viel Ultramarin-Farbpigment bei, bis die Farbe in jeder Schüssel gesättigt ist. Anschließend mischen sie der Farbe noch Sand bei, dadurch wird die Farbe steifer und rauer. Mit dieser Farbe malen die Kinder nun ein einfarbiges Ultramarinbild im Stil von Yves Klein.

Karten in Yves' Lieblingsfarbe

Alter: ab 5 Jahren
Material: weiße feste Pappe, Bleistift, Schere, Kleber, Postkarte, blaue Materialien (z. B. Moosgummi, Filz, Samt, Plastikfolie, Stoffe, Tonpapier, Fotokarton, Wellpappe, Leder, Federn, Goldfolie, Lack, Fell, Lacktischdecke, Wachstischdecke, Seidenpapier, Krepppapier), Textilstift, Filzstift

Yves gestaltete Einladungskarten zu seiner Ausstellung natürlich in seiner Lieblingsfarbe. Doch ihm genügte es nicht, die Bildseite blau zu gestalten. Er entwarf sogar eine eigene Briefmarke für diese Karte in Ultramarin.

Die Postkarte dient den Kindern als Schablone. Sie legen sie auf den weißen Karton und umfahren diese. Entlang der Umrisszeichnung schneiden sie anschließend ihren Kartenrohling aus. Aus den zahlreichen zur Verfügung gestellten Materialien suchen die Kinder sich eines aus, um damit die Karte weiter zu gestalten. Dazu legen sie die Karte auf das Material und

umfahren sie mit einem Stift. Die entstandene rechteckige Form schneiden sie aus und kleben sie randbündig auf die Karte. Das Material bedeckt nun die gesamte Fläche der Karte. So monochrom blau sahen auch Yves' Karten aus. Je unterschiedlicher die Materialien sind, welche die Kinder zur Verfügung haben, desto individueller werden die Karten.

Nachdem alle Karten hergestellt sind, betrachten die Kinder gegenseitig ihre Karten. Dabei tauschen sie sich darüber aus, welche Charakterzüge das Blau durch die unterschiedlichen verwendeten Materialien erhalten hat.

- ▪ Wirkt es mit Filz wärmer als mit Lack?
- ▪ Wirkt eine blaue Karte in Goldfolie vornehmer als eine aus blauer Wellpappe?

Tipp
Die Karten können wie bei Yves Klein dazu benutzt werden, Gäste zu einem „Blauen Fest" einzuladen.

Blaues Happening

Alter: ab 5 Jahren
Material: weiße oder beigefarbene Lebensmittel (z. B. Milch, Suppe, Vanillepudding, Kartoffelklöße, Selleriesalat, Krautsalat, Joghurt, Wasser, weiße Limonade, Sahnesoße, Teige, Zuckerguss usw.), natürlich blaue Lebensmittel (z. B. blaue Trauben, Heidelbeeren, Pflaumen), blaue Lebensmittelfarbe; evtl. blaue Dekorationsartikel (z. B. Servietten, Kerzen)

Die Vorliebe für die Farbe Blau ging bei Yves Klein so weit, dass er seinen Gästen sogar blaue Drinks bei Happenings servierte. Happenings waren Veranstaltungen, bei denen Yves Klein seine Bilder in Anwesenheit von Publikum entstehen ließ. Stellt euch vor, wenn es auf diesen Feiern dann auch noch etwas zu Essen gegeben hätte. Sicherlich wären die Mahlzeiten auch blau gewesen. Was haltet ihr von einem blauen Geburtstagshappening? Die Geburtstagsgäste trinken blaue Getränke und essen blaue Speisen. Dazu lassen sich weiße oder cremefar-

Yves Klein, **Anthropometrie der Blauen Epoche,** 1960,
© VG Bild-Kunst, Bonn 2007

bene Lebensmittel mit blauer Lebensmittelfarbe rasch
blau färben.

Die Kinder fügen der Flüssigkeit, dem Produkt, dem
Teig oder dem Guss einfach ein paar Tropfen blaue
Lebensmittelfarbe hinzu und schon erscheinen der
Kartoffelkloß, die Sahnesoße, der Vanillepudding
oder der Krautsalat ebenso wie die weiße Limonade
blau. Der Geburtstagskuchen erhält einen blauen
Zuckerguss und wird mit blauen Trauben oder Heidelbeeren dekoriert. Guten Appetit! Und viel Spaß
beim blauen Happening. Schmeckt das Geburtstags-
menü nun anders?

Tipp
Toll wäre es, wenn das Happening durch zusätzliche
blaue Dekoration noch ausgestaltet würde. Dann
sieht wirklich niemand mehr rot, sondern nur noch
blau.

Körperdruck

Alter: ab 3 Jahren
Material: Tapetenrollen, Klebeband, Badehose,
Fingermalfarbe, dicke Pinsel

*Bei einem seiner Happenings malte Yves Klein nackte
Personen blau an. Diese legten und pressten sich mit ihrem Körper auf eine Leinwand, um einen Farbabdruck
ihres Körpers zu hinterlassen.*

Aus Tapetenrollen bauen die Kinder eine große Leinwand, indem sie mehrere Bahnen Tapetenrolle mit
Klebeband miteinander verbinden. Anschließend
ziehen sie, soweit sie dies möchten, ihre Kleidung bis
auf die Badehose aus. Dann färben sie sich selbst
oder gegenseitig mit den Händen oder mithilfe von
dicken Pinseln ihren Bauch, ihre Arme, ihren Rücken
usw. mit Farbe ein. Sie legen sich auf die auf dem Boden ausgelegte Tapetenleinwand und hinterlassen
dort ihren Körperabdruck. Wie die Modelle von
Yves Klein rollen die Kinder sich über die Tapete,
drücken sich auf die Tapete, drehen sich auf der Tapete usw. Die Kinder werden überrascht sein, wenn
nicht nur ihre Finger, Hände und Füße farbige Spuren
hinterlassen, sondern ihr gesamter Körper.

Blaues Schwammrelief

Alter: ab 5 Jahren
Material: 1 Sperrholzplatte für alle (mindestens 50 × 70 cm) oder 1 Sperrholzplatte pro Kind (DIN A4), Heißklebepistole, verschiedene Schwämme (große, kleine, dicke, dünne, großporige, kleinporige, Kunstschwämme usw.), Pinsel, Becher, Temperafarben (natürlich auch Ultramarin)

Yves Klein gestaltete seine Kunstwerke gerne mit Schwämmen, denn deren Struktur und ihre Fähigkeit, Flüssigkeiten aufzusaugen und zu speichern, faszinierten ihn. Er benutzte sie nicht nur als Werkzeug, um Farbe aufzutragen, sondern auch als Farbträger auf der Leinwand.

Die Kinder kleben mithilfe eines Erwachsenen mit der Heißklebepistole viele verschiedene Schwämme beliebig nebeneinander auf die Sperrholzplatte. Die Schwämme stehen erhaben vom Bildhintergrund ab. Das Bild wird so zu einem Relief. Die Kinder malen wie Yves Klein die Schwämme samt des Hintergrundes entweder in seiner Lieblingsfarbe oder in ihrer eigenen Lieblingsfarbe monochrom an, bis keine Holzfläche und keine Schwammfarbe mehr zu sehen sind. Dabei bemerken die Kinder die Saugfähigkeit der Schwämme, denn sie müssen die Schwämme mehrmals mit dem Pinsel einfärben, bis sie sich mit Farbe vollgesogen haben.

Schwammskulptur

Alter: ab 5 Jahren
Material: 1 Holzquader (ca. 8 × 8 cm) pro Kind, Handholzbohrer, Draht, Schwamm, Schaumstoff, Zange, Temperafarben (natürlich auch Ultramarin), Becher, Pinsel

*Yves Klein arbeitete gerne mit Schwämmen, trug mit ihnen Farbe auf, verarbeitete sie in Bildern zu Reliefen und stellte mit ihnen Skulpturen her. Im nachfolgenden Ange-*bot bauen die Kinder ähnlich wie Yves Klein Schwammskulpturen.*

Jedes Kind erhält einen Holzquader. In diesen Holzquader bohren die Kinder mithilfe des Handholzbohrers ein oder mehrere 2 cm tiefe Löcher. Anschließend schneiden sie sich Draht in der Länge zwischen 15 und 20 cm zurecht und stecken die Drahtstücke in die gebohrten Löcher. Halten die Drahtstücke nicht in den Löchern, kann mit der Heißklebepistole nachgeholfen werden. Auf das andere Ende des Drahtes stecken die Kinder verschiedene Schwammstücke und fixieren sie mit Klebstoff oder wickeln den Draht um den Schwamm. So entsteht eine baumartige Schwammskulptur. Jedes Kind wählt eine Farbe aus, mit der es seine Schwammskulptur einfarbig anmalt. Vielleicht entscheidet sich ja ein Kind für die gleiche Farbe wie Yves Klein.

Feuerbild

Alter: ab 7 Jahren (mit der Hilfe von Erwachsenen)
Material: Kerze, Kerzenständer, Wanne mit Wasser, Feuerzeug oder Streichholz, weißes Kopierpapier

Yves Klein gestaltete Bilder auch mit Feuer. Das Feuer versengte das Papier, wodurch verschiedene Braun-Beige-Töne sichtbar wurden. Es brannte auch Löcher in die Bilder. Dieser Vorgang, mit Feuer Bilder zu malen, faszinierte Yves. Auch die Kinder stellen mithilfe von Feuer ein Bild her. Dabei sollte auf jeden Fall ein Erwachsener helfen.

Die Kinder stellen eine Kerze in den Kerzenständer. In unmittelbare Nähe stellen sie eine Wanne mit Wasser. Sie entzünden mit dem Erwachsenen die Kerze und halten unter ständiger Beobachtung des Erwachsenen das Kopierpapier vorsichtig mit der Papierkante vor die Kerzenflamme. Dabei beobachten die Kinder, unter welchen Bedingungen die Kerzenflamme das Papier versengt oder es sich gar entzündet. Schaffen die Kinder es, das Papier vorsichtig entlang des ganzen Randes zu versengen, erhält das Papier den Effekt eines alten Dokumentes.

Tipp
Dieses Papier kann als Briefpapier oder schöne Einladungskarte z. B. für ein Westernfest Verwendung finden.

Feuerskulptur

Alter: ab 6 Jahren (mit der Hilfe von Erwachsenen)
Material: Holzstöckchen, Teelichter, Feuerzeug oder Streichholz, großer freier Platz mit Erde, Sand, Schotter oder Asphalt, Kreide

Yves Klein baute einmal eine Feuerskulptur. Das Entzünden der Flammen während der Ausstellungseröffnung sorgte für eine mystische Wirkung. Diese Wirkung erleben die Kinder, wenn sie selbst eine Feuerskulptur bauen.

Alle Kinder suchen sich ein Stöckchen. Auf einer großen freien Fläche ritzen sie damit mit Hilfe der Gruppenleitung ein einfaches Motiv in den Boden, z. B. ein Haus, einen Fisch, einen Baum, eine Blume, ein Auto oder einen Stern. Entlang dieser Linie stellen die Kinder im Abstand von ungefähr 10 cm Teelichter auf. Sie entfachen ihre Feuerskulptur, indem sie ein Licht nach dem anderen anzünden. Besonders schön wirkt die Feuerskulptur am Abend, wenn das Motiv durch die brennenden Kerzen sichtbar wird und glanzvoll im flackernden Kerzenlicht erstrahlt.

Körpergipsabdruck

Alter: ab 5 Jahren
Material: Gipsbinden, Vaseline, Schere, Schüssel mit Wasser, evtl. Haarband, Watte

Von seinen engsten Freunden Claude Pascal, Arman und Martial Raysse stellte Yves Klein Körperabdrücke her, die er in Ultramarinblau einfärbte. Die Kinder stellen wie Yves Klein Körperabdrücke aus Gips her, die sie blau anmalen.

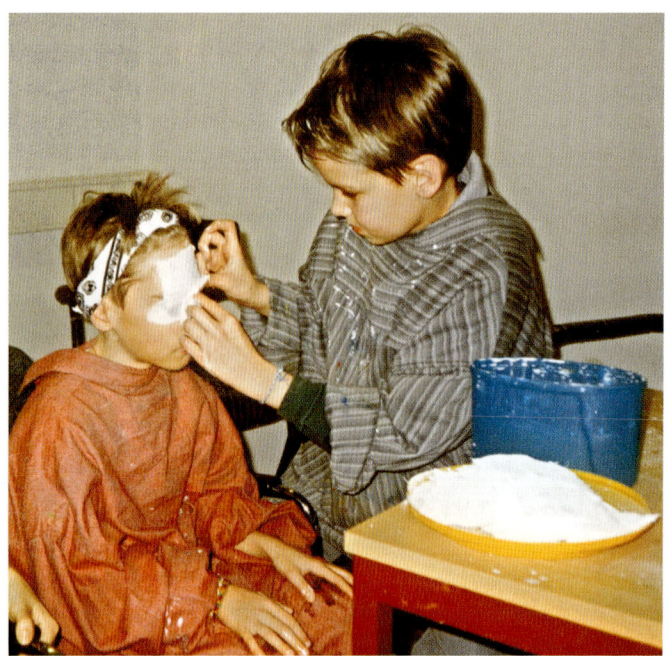

Die Kinder bilden Paare und machen voneinander Körpergipsabdrücke. Dazu entscheidet sich jedes Kind, von welcher Körperstelle es gerne einen Gipsabdruck hätte. Bitte darauf achten, dass sich später die Hand, der Fuß, der Arm, der Bauch oder das Gesicht aus der Gipshülle wieder befreien lassen. Ist der Entschluss für eine bestimmte Körperstelle gefallen, cremt sich das Kind, das als erstes seinen Gipsabdruck erhält, intensiv mit Vaseline ein. Das andere Kind bereitet in dieser Zeit die Gipsschnipsel vor, die es benötigt, schneidet die Gipsbinden in 3 bis 5 cm große Stücke und besorgt sich eine Schüssel mit Wasser. Entscheiden sich Kinder für das Eingipsen des Gesichtes, sollten sie sich auf jeden Fall die Haare mit einem Haarband zurückbinden und die Augenbrauen mit Watte schützen.

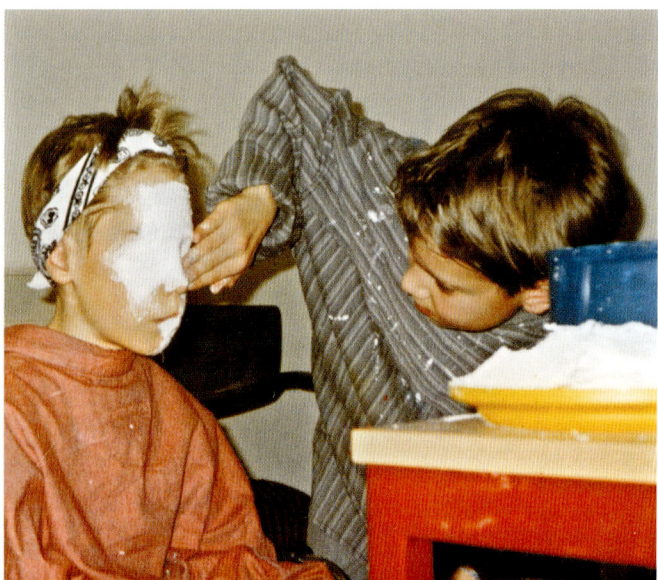

Die Kinder tauchen die Gipsschnipsel kurz in Wasser, ziehen sie über den Rand der Schüssel, um das meiste Wasser abzustreifen, und legen die Gipsstücke über die eingecremte Körperstelle. Beim Auflegen achten die Kinder darauf, dass sie die Gipsschnipsel immer dachziegelartig nebeneinander lagern, und mindestens drei Gipsschichten übereinander auflegen. Nur so erhält der spätere Gipsabdruck Stabilität. Bereits nach kurzer Zeit wird der Gipsabdruck fest und löst sich leicht vom Körper. Jetzt muss er nur noch trocknen, dann können die Kinder ihn in ihrer Lieblingsfarbe bemalen.

Bild in Gold

Alter: ab 5 Jahren
Material: Sperrholzbrett (50 × 70 cm), Blattgold, Blattgoldlack, Temperafarbe in Ultramarin, weicher Pinsel, Becher, Pinzette

Neben der Farbe Ultramarinblau arbeitete Yves Klein auch mit Gold. So überdeckte er in einem Bild eine monochrome blaue Farbfläche so sehr mit Gold, dass es den Anschein hat, als wäre die goldene Fläche mit blauen Adern durchzogen.

Die Kinder bemalen gemeinsam das Sperrholzbrett monochrom in Ultramarin. Ist die Farbe getrocknet, überlegt sich jedes Kind, an welcher Stelle es etwas Blattgold auftragen möchte. Nacheinander tragen die Kinder auf den ausgewählten Stellen des Bildes Blattgoldlack auf. Der Blattgoldlack ist klebrig und sorgt dafür, dass das Blattgold beim Auflegen auf dem Bild haften bleibt. Zum Auflegen des Blattgoldes benutzen die Kinder eine Pinzette. Dazu nehmen sie vorsichtig mit der Pinzette etwas Blattgold und platzieren es auf der bereits einlackierten Stelle. Das Aufdrücken des Blattgoldes auf das Bild erfolgt durch einen weichen Pinsel. Durch das aufgelegte Blattgold erhält das Bild den kostbaren Effekt, der bereits Yves Klein begeisterte.

Ein-Ton-Symphonie

Alter: ab 4 Jahren
Material: Orff-Instrumente (z. B. Glockenspiel, Xylophon, Triangel usw.)

Yves Klein komponierte eine Symphonie, die nur aus einem Ton bestand und deshalb die „Monotone Symphonie" heißt. Mit ihr wurden seine Happenings begleitet. Kinder entwickeln eine solche monotone Symphonie.

Die Kinder sammeln alle in der Einrichtung vorhandenen Orff-Instrumente und legen sie in die Mitte ihres Stuhlkreises. Jedes Kind sucht sich ein Instrument aus. Auf diesem Instrument bringen die Kinder nacheinander für einen Zeitraum von ungefähr einer Minute nur einen Ton zum Klingen. Dabei kann es im Wechsel den Ton lang oder kurz anspielen, schnell oder langsam aufeinander folgen lassen, es kann Pausen einbauen oder den Rhythmus ändern. Viel Spaß beim Experimentieren!

Schattenumrisse in Ultramarin

Alter: ab 4 Jahren
Material: Bleistift, Zeichenpappe, Schere, Zeichenpapier, Wachsmalstifte in Ultramarinblau oder anderen Farben

Yves Klein gestaltete blaue Bilder auch durch Schattenumrisse. Die Schatten waren dabei weiß und bekamen Kontrast durch den sie umgebenden ultramarinfarbenen Hintergrund, der so wirkt, als sei er durch das Überwischen einer körperhaften Schablone entstanden. Diesen Effekt arbeiten die Kinder im nachfolgenden Angebot nach.

Aus der Zeichenpappe schneiden die Kinder nach eigenen Entwürfen Tiere, menschliche Figuren oder andere Motive aus. Mit blauer Wachsmalfarbe übermalen sie flächendeckend diese Schablonen. Anschließend legen sie diese mit der blauen Seite nach oben auf weißes Zeichenpapier. Sie halten die Schablone mit der einen Hand ganz fest, während die Finger der anderen Hand die blaue Farbe über den Rand auf das weiße Papier wischen. Nehmen die Kinder anschließend die Schablone vom Papier ab, ist ein Schattenumriss entstanden. Das zuvor entworfene Motiv erscheint nun wie bei Yves Klein blau umrandet in Weiß auf dem Zeichenpapier.

Tipp
Interessante Effekte entstehen, wenn die Kinder die gleiche Schablone mehrmals sich überschneidend oder seitenverkehrt verwenden.

Die Nase am Ohr: Pablo Picasso (1881–1973)

Wie Picasso den Kubismus entdeckte

Pablo Picasso, **Zeichnung mit Licht**
© Succession Picasso / VG Bild-Kunst, Bonn 2007

Picasso erblickte 1881 das Licht der Welt in der Stadt Malaga in Spanien, wo er auch seine Kindheit und Jugend verbrachte. Dank seines Vaters, der Zeichenlehrer war, lernte Picasso schon früh mit Pinsel und Zeichenstift umzugehen. So erzählt man sich, er hätte schon mit 15 Jahren so gut zeichnen können wie andere große Künstler dieser Zeit. Mit dieser Begabung lag es nahe, dass Picasso die Kunstschule in Barcelona besuchte. Vom spanischen Barcelona zog es ihn 1900 ins französische Paris, denn Paris galt zur damaligen Zeit als vielversprechende Kunstmetropole. Vier Jahre dauerte es, bis Picasso ein kleines Atelier in Paris sein eigen nennen konnte. In jenem Atelier liegen die Wurzeln seiner bahnbrechenden künstlerischen Aktivitäten. Unentwegt befand er sich auf der Suche nach neuen Ideen, Mal- und Gestaltungsformen. In diesem Zusammenhang spricht man heute von verschiedenen Schaffensperioden: Blaue Periode, Rosa Periode, Kubismus, Klassizismus, Surrealismus, Barbarische Periode, Nachkriegsjahre, Spätwerk.

In seiner Blauen Periode malte er überwiegend in Blautönen und -nuancen. In der Rosa Periode entsprechend mit rosa Farbkombinationen. Doch bleiben die Bildinhalte gegenständlich. Diese Darstellungsform erfährt eine Änderung durch die Bekanntschaft mit Georges Braque. Seinem Einfluss verdankt Picasso die bahnbrechende Radikalisierung seines Malstils. Ab diesem Zeitpunkt malt Picasso nicht mehr gegenständlich, sondern löst die Gegenstände in ihre Elementarformen auf und arrangiert diese so zueinander, dass der Eindruck eines falsch zusammengesetzten Puzzles entsteht. Diese Art zu malen bezeichnet man später als Kubismus. Während er im analytischen Kubismus noch Motive in einzelne geometrische Objekte zerlegt, setzte er sie im synthetischen Kubismus wieder zusammen. Er entdeckte die Collage als geeignetes Gestaltungsmedium. Die Collage unterstützt ihn in seinem Vorhaben, Dinge zerlegen zu wollen und sie bruchstückhaft erscheinen zu lassen. Auch das plastische Arbeiten begeistert ihn. Er produziert Keramiken, die er bemalt, und entdeckt das Objet trouvé (das ist der französische Begriff für „gefundener Gegenstand") als plastische Gestaltungsmethode. Aus bereits vorhandenen Gegenständen entstehen neue Gegenstände mit neuem Sinninhalt.

Picasso bemühte sich um Vereinfachungen in der Darstellungsform, indem er Dinge mit einem Strich malte. In der Auseinandersetzung mit den Mitteln und Möglichkeiten der Fotografie entdeckte er die vielfältigen Funktionen, die ihm diese Technik zum Experimentieren bot. Besonders das Arbeiten auf lichtempfindlichem Papier begeisterte ihn. Er stellte in diesem Zusammenhang Fotogramme her, welche die Trennung zwischen Foto und Gemälde aufhoben und gemalte Fotos entstehen ließen. Er spielte und experimentierte mit Materialien, Formen und Farben bis zum Ende seines Lebens. Es ist kein Wunder, dass man Picasso heute als einen der bedeutendsten Wegbereiter und Repräsentanten der Kunst des 20. Jahrhunderts bezeichnet. 1973 starb er im Alter von 92 Jahren und hinterließ Tausende von Werken.

Kinder erleben die Arbeitsweise von Pablo Picasso

Rosa Periode

Alter: ab 5 Jahren
Material: Papier (DIN A3), rosa und blaue Malstifte, Zeitschriften, Schere, Kleber

Picasso malte nicht immer kubistisch, sondern durchlebte verschiedene kreative Phasen, z. B. die Blaue Periode und die Rosa Periode. Damals malte er entweder alles in Rosa- oder Blautönen.

Die Kinder entscheiden sich, ob sie lieber nur in Rosa oder nur in Blau malen möchten. Dann kann es auch gleich losgehen. Es gilt nun ein Bild nur in Blau oder Rosa zu gestalten. Dazu können die Kinder malen oder entsprechend farbige, mit der Schere aus Zeitschriften ausgeschnittene Gegenstände in das Bild collageartig einkleben.

Nochmals der Hinweis! Wer sich für eine Farbe entschieden hat, muss auch bei dieser Farbe bleiben.

Kubistische Figur aus Bauklötzen

Alter: ab 5 Jahren
Material: Bauklötze in einfachen geometrischen Formen (z. B. Würfel, Quader, Zylinder)

Nachdem Picasso in seiner Blauen und Rosa Periode vorwiegend Gegenständliches abgebildet hatte, malte er unter dem Einfluss von George Braque kubistische Bilder. Dabei gestaltete er Menschen mit einfachen geometrischen Formen. Kindliches Malen setzt sich ebenfalls aus Elementarformen zusammen: Der Kopf ist rund, der Bauch rechteckig oder oval, der Rock viereckig oder rechteckig.

Entsprechend dieser Verwendung von einfachen Formen legen Kinder mit Bauklötzen Picasso-ähnliche Figuren auf den Boden.

Malspiel: ein Bild aus Kreis und Dreiecken

Alter: ab 5 Jahren
Material: Vorlage (s. Abb. S. 89), großflächige Kartonage, Bleistift, Temperafarbe, Becher, Pinsel

Picasso war einer der ersten kubistischen Maler. Der Name Kubismus leitet sich von der geometrischen Form der Kube (des Würfels) ab und bedeutet, dass das Spiel mit geometrischen Formen im Mittelpunkt der Bildgestaltung steht.

Die Kinder spielen ein Malspiel. Dabei gestalten sie ein Bild mithilfe fester Spielregeln. Sie bilden Vierergruppen. Jede Gruppe teilt ihr Bild mit Bleistift gemäß der Zeichnung ein. Dann erfolgen drei verschiedene Arbeitsschritte.

- Jedes Kind malt eines der an den Ecken befindlichen Dreiecke (A) so aus, wie es möchte. Dabei

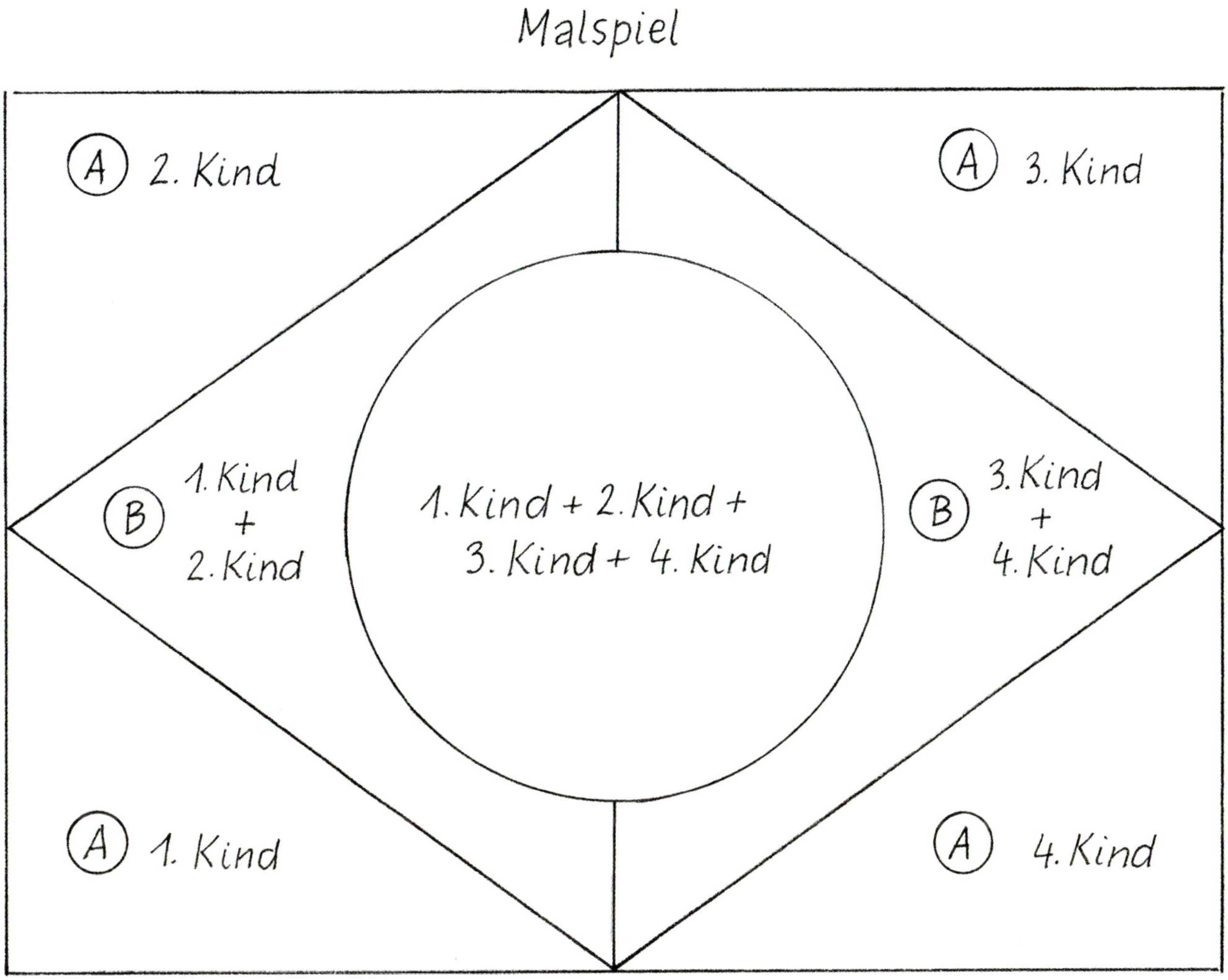

Malspiel

Ⓐ 2. Kind

Ⓐ 3. Kind

Ⓑ 1. Kind
+
2. Kind

1. Kind + 2. Kind +
3. Kind + 4. Kind

Ⓑ 3. Kind
+
4. Kind

Ⓐ 1. Kind

Ⓐ 4. Kind

darf es sich beim Malen nicht mit den anderen austauschen.

- In einem zweiten Schritt finden sich innerhalb der Vierergruppe jeweils zwei Kinder, die gemeinsam miteinander malen möchten. Dazu steht jeder Zweier-Gruppe die Fläche B zur Verfügung. Hierbei sprechen sich die beiden Gruppenmitglieder bei der Gestaltung der Fläche ab.

- Im dritten Schritt malen alle Kinder gemeinsam den Kreis aus. Auch dabei sollte zuvor ein Einigungsprozess bezüglich der Ausgestaltung erfolgen.

Scherbenbild

Alter: ab 5 Jahren
Material: sehr großer Bogen Karton, Bleistift,
Temperafarbe, Becher, Pinsel, verschiedene Gegen-
stände (z. B. Schüssel, Teller, Tassen, Pullover,
Schuhe, Hose)

*Kubistische Bilder, wie Picasso sie malte, wirken so, als
seien bunte Scherben oder Puzzleteile verkehrt zu etwas
Neuem zusammengesetzt worden.*

Die Kinder legen auf dem Boden einen großen Bogen
Karton aus. Auf den Karton stellen sie nacheinander
verschiedene Gegenstände, deren Umrisse sie mit
Bleistift auf dem Karton festhalten werden. Auf diese
Art und Weise entstehen zahlreiche sich überschneidende Flächen. Diese Flächen malen die Kinder anschließend bunt aus.

Einfache Formen aus der Umgebung

Alter: ab 5 Jahren
Material: Wachsmalstifte, Zeichenblatt, einfache
Gegenstände (z. B. Teller, Becher, Streichholz-
schachtel, Käseschachtel)

*Kubistische Bilder, wie Picasso sie malte, wirken, als seien
sie aus bunten Formen wild zusammengesetzt.*

Bei dieser Aufgabe suchen die Kinder einfache Gegenstände in ihrer Umgebung, deren Formen ihnen
beim malerischen Gestalten behilflich sein können.
Die Kinder umfahren die Gegenstände mit Wachsmalstiften, um Erleichterung und Hilfestellung beim
Malen zu haben.

Aufgabe
Suche Formen, die dir beim Malen eines Autos (oder
eines anderen Gegenstandes) behilflich sein könnten.

Pablo Picasso, **Gitarre,** 1913, Kohle, Bleistift, Tusche und **papier collé**, 66,3 × 49,5 cm, New York, Museum of Modern Art,
© Succession Picasso/VG Bild-Kunst, Bonn 2007

Kubistisches Drei-Strich-Bild

Alter: ab 5 Jahren
Material: Zeichenpapier (DIN A2), Klebeband, dicker Faserstift, Temperafarbe, Pinsel, Becher

Picasso ist der Wegbereiter des Kubismus. Im Kubismus fügen sich verschiedene Flächen und Formen zu einer gemeinsamen Darstellung zusammen. Die Kinder erfahren in diesem Angebot, wie das geht.

Die Kinder bilden Viergruppen und erhalten jeweils einen DIN A2 großen Papierbogen. Diesen fixieren sie mit Klebeband am Tisch. Das Malen verläuft nach folgenden Spielregeln:

- Jedes Kind malt in Folge ohne abzusetzen drei Striche mit dem Faserstift. Diese Striche müssen aneinandergereiht und miteinander verbunden sein.
- Hat das erste Kind drei Striche ohne abzusetzen gemalt, setzt das nächste seinen Stift dort an, wo das erste mit dem Zeichnen aufgehört hat.
- Die Linien dürfen sich zwar überkreuzen, doch eine bereits gemalte Linie darf nicht übermalt werden.
- Diese Vorgänge wiederholen sich bis zum vierten Spieler.
- Danach spielen die Kinder auf diese Weise noch zwölf weitere Spielrunden. Dadurch entsteht eine mit Riesenlinien überflutete Zeichnung.
- Aus den Linien bilden sich wiederum Formen. Die Kinder suchen in diesen Formen eine Figur, ein Tier, ein Gesicht usw. Das erkannte Motiv heben sie Feld für Feld mit Farbe so lange hervor, bis es im Linienwirrwarr für alle deutlich zu erkennen ist.

So entsteht ein kleines kubistisches Meisterwerk.

Kubistisches Malspiel

Alter: ab 5 Jahren
Material: Zeichenpapier (DIN A2), Klebeband, dicker Faserstift, Temperafarbe, Pinsel, Becher

Picasso setzte verschiedene Flächen und Formen kubistisch zu einem Motiv zusammen. Ob die Kinder das auch können?

Dieses Mal wird gespielt und gemalt. Die Kinder bilden Viergruppen, erhalten einen großen Bogen Zeichenpapier und fixieren diesen auf dem Maltisch. Die Kinder spielen in Runden.

- Jedes Kind, das an der Reihe ist, malt mit dem dicken Faserstift eine geometrische Form: einen großen Kreis, einen kleinen Kreis, ein großes Rechteck, ein kleines Rechteck, ein großes Dreieck oder ein kleines Dreieck.
- Jedes Kind muss sich, wenn es an der Reihe ist, für eine Form und eine Größe entscheiden. Dabei achten die Kinder darauf, dass sie die großen Formen auch wirklich groß über das gesamte Blatt malen.
- Die Formen sollen sich überschneiden und nicht nebeneinander gelagert werden.
- Nach zwölf Spielrunden ist das kubistische Malspiel beendet. Es sind nun viele verschiedene Felder entstanden.
- Die Kinder schauen sich gemeinsam ihre wirre Zeichenvorlage an und suchen darin ein Motiv oder einzelne Motive. Diese heben sie durch Farbe hervor. Danach ist das Kinder-Picasso-Werk vollendet.

Ein-Strich-Malerei

Alter: ab 6 Jahren
Material: dicker Faserstift oder Filzstift, Zeichenpapier, evtl. Blumendraht und Zange, evtl. Tonpapier, Kleber, Wolle

Picasso hat viel gezeichnet. Manchmal zeichnete er Motive (z. B. Eule, Stier, Taube) ohne abzusetzen mit einem Strich.

Wie Picasso malen die Kinder spielerisch Tiere aus einem Strich. Da die Zeichnung aus einer Linie besteht, dürfen sie den Stift nicht absetzen und auch nicht an einer beliebigen Stelle neu ansetzen. Sie dürfen bereits gemalte Linien überschneiden, aber nicht auf einer bereits gemalten Linie malen. Wer schafft es auf diese Weise eine Eule, eine Taube, einen Stier oder ein Kamel zu malen?

Variante 1
Die Kinder biegen die Motive aus Blumendraht.

Variante 2
Die Kinder kleben aus einem langen Wollfaden ein Motiv auf Tonpapier.

Schwellkopf-Bild

Alter: ab 6 Jahren
Material: sehr großer Bogen Karton, Bleistift, Temperafarbe, Becher, Pinsel
Vorbereitung: Jeweils einen großen Kreis in die Mitte der großen Bögen für die Vierergruppen malen.

Die Gesichter, die Picasso gemalt hat, sind geprägt vom Mischprofil, das auch vielen Kinderprofilen eigen ist. Dabei handelt es sich um eine wirre Kopfdarstellung mit mehreren Augen oder Nasen. Bei Kinderbildern entsteht diese Darstellungsform, wenn das Kind auf der Suche nach der Seitenprofildarstellung ist.

Die Kinder bilden Vierergruppen. Jede Gruppe verteilt sich um einen Tisch. Vor den Kindern liegt ein großer Bogen Karton, in dessen Mitte ein großer Kreis abgebildet ist. Dieser ist Ausgangspunkt für die nachfolgende Gestaltungsaufgabe. Jedes Kind malt von diesem Kreis ausgehend einen Menschen im Profil, also von der Seite. Dabei bildet der Kreis für alle vier Kinder den Kopf ihres Menschen. Jedes Kind soll jedoch darauf Wert legen, dass es selbst auch Augen, Nasen, Ohren und Mund in den Kreis malt. Auf diese Weise entsteht ein großer Schwellkopf mit acht Augen, vier Nasen, acht Ohren und vier Mündern. Ähnlich wirre Kopfdarstellung tauchen häufig in Picassos Bildern auf.

Experimentelle Collagegesichter

Alter: ab 5 Jahren
Material: Zeitschriften, Klebstoff, Schere, Zeichenpapier, Stifte (Blei- oder Filzstift)

Picasso erstellte zahlreiche Collagen. Dabei überklebte er eigene Motive oder klebte Papierschnipsel zu einem Motiv zusammen.

Kinder schneiden aus vielen verschiedenen Zeitschriften viele Augen, Nasen und Münder aus. Diese kleben sie willkürlich auf das Zeichenblatt. Sind alle Gesichtteile auf dem Blatt aufgeklebt, besteht nun die Aufgabe darin, mithilfe eines Stiftes zwei Augen, eine Nase und einen Mund so zu umfahren, dass sie ansatzweise ein Gesicht bilden. Dabei kann schon mal der Mund auf der Stirn sitzen oder ein Auge am Kinn hängen.

Bilder aus Viertelgesichtern

Alter: ab 5 Jahren
Material: Zeitschriften, Klebstoff, Schere, Zeichenpapier

Picasso gestaltete kubistische Porträts nicht nur mit Farbe und Pinsel auf Leinwand oder Papier, sondern auch mithilfe der Collage. Die Porträts wirken dann so, als seien sie aus unterschiedlichen Fotos zusammengesetzt.

Die Kinder können diesen Vorgang nachvollziehen, wenn sie aus Zeitschriften viele unterschiedliche frontale ganzseitige Kopfdarstellungen heraussuchen. Die Kinder falten diese Bilder Kante auf Kante einmal in der Länge und einmal in der Breite. Entlang dieser Faltlinien zerschneiden die Kinder ihre Fotos. Sind genügend Köpfe gesammelt und geviertelt worden, mischen die Kinder alle Viertel gut durcheinander. Nun setzen sie je vier unterschiedliche Viertel zu einem Kopf mit zwei Augen, einer Nase und einem Mund zusammen. Diese fixieren sie mit Klebstoff auf dem Zeichenblatt.

Aus zwei Bildern wird eins

Alter: ab 5 Jahren
Material: Zeitschriften, Lineal, Bleistift, Klebstoff, Schere, Zeichenpapier

Auch die Bilder, welche die Kinder im folgenden Angebot durchführen, wirken wie kubistische Werke von Picasso. Denn durch die Vorgehensweise entsteht der Effekt eines kubistisch zerstückelten Bildes.

Kinder suchen sich aus Zeitschriften zwei gleich große, möglichst ganzseitige Bilder A und B aus (evtl. Porträts), die ihnen gut gefallen. Diese teilen sie mithilfe des Lineals und des Bleistiftes in zehn Streifen ein. Sie zerschneiden die Bilder in die Anzahl der eingemalten Streifen und legen diese in der ursprünglichen Reihenfolge nebeneinander.

Die Bilder kleben die Kinder gemäß ihrem ursprünglichen Aussehen nun so auf, dass sich immer ein Streifen des Bildes A mit einem des Bildes B abwechselt.

Variante 1
Arbeiten zwei Kinder miteinander, so ist Kind 1 für Bild A zuständig und das zweite Kind für Bild B.

Variante 2
Ein Kind zerschneidet willkürlich ein Porträt. Anschließend klebt es das Porträt wieder zusammen, lässt aber beim Aufkleben zwischen den einzelnen Puzzleteilen unregelmäßige Lücken.

Picasso deformiert durch Überkleben

Alter: ab 4 Jahren
Material: Zeitschriften, Klebstoff, Schere, Zeichenpapier, Stoffreste (Spitzenstoffe, transparente Stoffe, Seide usw.), Tapetenreste

In vielen Bildern Picassos wirkt das Abgebildete deformiert. Das bedeutet, die Bilder wirken wie zerstört und erzeugen den Eindruck eines falsch zusammengesetzten Puzzles.

Aus einer Zeitschrift suchen sich die Kinder ein ganzseitiges und buntes Bild aus. Dieses Bild kleben sie mit Klebstoff auf das Zeichenpapier. In einem weiteren Schritt überkleben sie Teile des Bildes mit bunten Stoffresten.

Ich helfe Picasso beim Zertrümmern

Alter: ab 4 Jahren
Material: pro Kind 1 Kunstpostkarte eines Picassobildes, Klebstoff, Zeichenpapier, Temperafarbe, Pinsel, Becher

Viele Objekte auf den Bilder Picassos wirken zerstört, zertrümmert und falsch zusammengesetzt. Manchmal entsteht der Eindruck, Picasso hätte Bilder lückenhaft zusammengesetzt und die Lücken durch andere Bestandteile ergänzt.

Jedes Kind zerreißt seine Kunstpostkarte in viele kleine Schnipsel. Diese klebt es willkürlich quer über das gesamte Zeichenpapier. Die nicht beklebten Flächen des Papiers bemalen die Kinder in einem weiteren Gestaltungsschritt. So entsteht ein kubistisches Bild, wie es Picasso nicht besser hätte malen können.

Collage-Spiel

Alter: ab 5 Jahren
Material: Kataloge, Klebstoff, Schere, Zeichenpapier, Filzstifte, Würfel

Manche Bilder von Picasso wirken so, als hätte er die einzelnen Formen und Bestandteile des Bildes spielerisch im Zufallsprinzip zusammengesetzt.

In Gruppen bis zu sechs Personen gestalten die Kinder gemeinsam ein Collagebild. Dabei sitzen alle um die Zeichenfläche herum. Die Kinder würfeln der Reihe nach. Nach jedem Wurf sucht jedes Kind entsprechend seiner Augenzahl den passenden Gegenstand aus dem Katalog heraus, schneidet ihn aus und klebt ihn beliebig auf das Zeichenblatt. Die Augenzahlen entsprechen:
1 Auge: Hose
2 Augen: Rock
3 Augen: Gesicht
4 Augen: Kleid
5 Augen: Hemd
6 Augen: Pullover
Gespielt werden je nach Anzahl der Mitspieler und Größe des Zeichenpapiers bis zu acht Runden (bei sechs Mitspielern höchstens fünf Runden). Sind die Würfelrunden beendet, beginnt der Ausgestaltungsteil. Jedes Kind malt zu seinem Collageteil die restlichen Körperteile mit Filzstift hinzu.

Papier- oder Objet-trouvé-Kostüme

Alter: ab 5 Jahren
Material: Materialien verschiedenster Art (z. B. Tapete, Kartonagen, Klebstoff, Schere, Müllsäcke in verschiedenen Farben, Päckchen, Kartons, Kisten, leere Papprollen, Joghurtbecher, Trinkbecher usw.), Klebstoff, Klebeband, Tacker

Wie für Kinder war auch für Picasso das Suchen und Finden von Dingen ein wichtiges Betätigungsfeld, wenn es darum ging, Materialien für eine geeignete Skulptur zu finden. Er nannte diese gefundenen und zu neuen Objekten zusammengefügten Skulpturen „Objet trouvé".

Die Kinder erstellen eine Objet-trouvé-Verkleidung. Sie sammeln Materialien verschiedenster Art, um diese Verkleidung herzustellen. Aus dem zur Verfügung stehenden Material erstellen sie füreinander fantastische kreative Kostüme. Sie gehen paarweise zusammen, ein Kind ist das Model, das andere der Modedesigner. Später tauschen sie die Rollen. Zum Abschluss findet eine Modenschau mit allen Kindern statt.

Plastikvogel

Alter: ab 5 Jahren
Material: pro Kind 1 Plastikflasche (z. B. von Putz- oder Waschmitteln), Dispersions- oder Temperafarbe, viele unterschiedliche Stoffe und Papiere, Tapete, Klebstoff, Schere, Müllsäcke in verschiedenen Farben, Päckchen, leere Papprollen, Joghurtbecher, Trinkbecher usw., Klebstoff, Klebeband, Tacker

Objet-trouvé-Skulpturen sind per Zufall gefundene und für schön empfundene Figuren, die als Einzelstück exponiert ausgestellt oder zu neuen Skulpturen miteinander in Beziehung gesetzt werden. Picasso hat solche Skulpturen mit Vorliebe spielerisch erschaffen.

Die Kinder erstellen aus der Plastikflasche einen Vogel. Mit anderen gesuchten oder gefundenen Materialien bekleben und gestalten sie den Vogel aus. Sie können ihn im Anschluss so bemalen, dass letztendlich aus der alten Plastikflasche ein Fantasievogel entsteht.

Schachtelwesen

Alter: ab 5 Jahren

Material: Schachteln, Kartons, Kisten, Dosen, Becher in allen Größen, Fotodöschen, Teppichrollen, Klebeband, Papprollen, Draht, Klebstoff, Seil, Scheren, Zange, Material zum Dekorieren (z. B. Knöpfe, Perlen, Federn, Krepppapier, Kronkorken)

„Ich suche nicht, ich finde", sagte Picasso einmal und ebenso ging er beim Zusammenfügen seiner Objet-trouvé-Skulpturen vor. Gegenstände oder Materialien, welche in ihm Erinnerungen oder Assoziationen hervorriefen, verband er miteinander zu etwas Neuem.

Die Kinder fügen die Schachteln, Kisten und anderen Materialien zu Fantasiewesen zusammen (z. B. fliegender Fisch, fliegende Schlange, fliegender Drache, fliegendes Schwein). Anschließend bemalen und dekorieren sie ihre zusammengefügten Schachtelwesen. Natürlich gibt jedes Kind seiner Skulptur einen fantasievollen Namen.

Objet-trouvé-Spiel

Alter: ab 4 Jahren
Material: Fundgegenstände (s. Text)

„Eines Tages fand ich unter altem Kram einen Fahrrad-sattel und daneben eine verrostete Lenkstange. Blitz-schnell sind in meiner Vorstellung beide Teile zusammen-gewachsen ... Ohne Nachdenken ist mir die Idee zu die-sem Stierkopf gekommen.“ (Picasso) Welche Ideen entwickeln die Kinder wohl bei der folgenden Aufgabe?

In diesem kooperativen Spiel geht es darum, Kopf-plastiken aus Alltagsgegenständen zu bauen. Die Lei-tung gibt entweder eine Farbe, einen Bereich, einen Gegenstand, eine Form oder ein Material vor, wo-raus der Kopf gebaut werden soll. Daraufhin machen sich die Kinder auf die Suche nach Dingen, die geeig-net scheinen, um damit einen entsprechenden Kopf zu erstellen. Alle Kinder arbeiten an einem Kopf.

Beispiel aus dem Bereich Küche
Kinder suchen nach Kochtöpfen, Trichtern, Gabeln, Löffeln usw. und stellen damit einen Kopf dar.

Variante
Zwei Gruppen treten unter einer Zeitvorgabe ge-geneinander an. Wer hat später wohl die witzigste Kopfplastik erstellt?

Ich und meine Objet-trouvé-Tüte

Alter: ab 5 Jahren
Material: Tüten, viele verschiedene Materialien
(z. B. Stoffreste, Schachteln, Papier, Perlen, Fotodöschen, Garnrollen, Überraschungseier, Nüsse,
Tapete, Müllsäcke in verschiedenen Farben, Päckchen, leere Papprollen, Joghurtbecher, Trinkbecher), Scheren, Klebstoff, Klebeband, Tacker
Vorbereitung: Die Leitung bereitet für jedes Kind
eine mit verschiedenen Materialien und Dingen ge-
füllte Tüte vor. Der Inhalt der Tüte muss nicht für
alle Kinder gleich sein. Auf dem Tisch legt sie für alle Tacker, Kleber und Klebeband als Grundmateri-
alien bereit.

*Ob Picasso mit seinen Freunden irgendwann auch dieses
Spiel gespielt hat? Es ist gut vorstellbar! Picasso liebte das
zufällige Experimentieren gerade dann, wenn er dabei
spielerisch etwas Neues entwickeln konnte.*

Jedes Kind baut aus den Materialien seiner Tüte ein
Feenwesen. Die Kinder zeigen sich später gegenseitig ihre Objet-trouvé-Skulptur.

Objet-trouvé-Riese

Alter: ab 5 Jahren
Material: Stoffreste, Schachteln, großer Karton
mit verschiedenen Materialien (z. B. Perlen, Fotodöschen, Garnrollen, Überraschungseier, Nüsse,
Tapete, Müllsäcke in verschiedenen Farben, Päckchen, leere Papprollen, Joghurtbecher, Trinkbecher
usw.), Papier, Scheren, Klebstoff, Klebeband, Tacker

*Das spielerisch kreative Arbeiten war Picasso wohl in die
Wiege gelegt. Er experimentierte gerne wie Kinder mit
Alltagsmaterialien, um sie miteinander zu etwas Neuem
zu verbinden. Dabei kam es ihm vor allem auf die Asso-
ziationsfähigkeit an, die in bestimmten Materialien und
Formen andere Inhalte entdeckt und erkennt.*

Die Gruppenleitung stellt einen großen Karton mit
vielen verschiedenen Materialien in die Mitte eines
Stuhlkreises. Sie nennt ein Skulpturthema (z. B. Rie-
se), an welchem die Kinder gemeinsam arbeiten. Jedes Kind nimmt sich ein Material aus dem Karton
heraus, wovon es meint, es bei dem entsprechenden
Thema einsetzen zu können. Dann legen die Kinder
die Teile aneinander. Korrekturen können die Kinder
jetzt noch vornehmen, um ihren Gegenstand zielge-
rechter einzusetzen. Wenn alle soweit sind, fixieren
sie die gewählten Materialien miteinander zu einem
Riesen. Wie mag dieser wohl aussehen?

Themenvarianten
- Kinder bauen einen Müllgeist.
- Kinder bauen einen kubistischen Roboter.

Eine Fantasieskulptur aus Holz

Alter: ab 6 Jahren
Material: Holzreste, Bretter, Stämme, Nägel, Hammer, Sperrholzplatte, Bastelleim, Wachsmalstifte oder Temperafarbe, Pinsel, Becher, evtl. Heißklebepistole

Picasso hat auch aus Holzresten Skulpturen gebaut.

Die Kinder verarbeiten Holzreste zu einer Skulptur. Sie nageln oder kleben die Holzreste auf- und aneinander und lassen dabei ihrer Fantasie freien Lauf. Sind alle Holzreste verarbeitet, malen die Kinder ihre Skulptur mit Wachsmalstiften an.

Tipp

Ideal ist ein größerer Stamm oder ein größeres Brett, worauf die Kinder ihre Holzstücke festnageln können.

Fotos mit Entwicklerflüssigkeit malen

Alter: ab 7 Jahren
Material: Schutzfolie, Rotlichtlampe, Sprühflasche, Fotopapier, Entwicklerflüssigkeit, Fixierflüssigkeit, 2 Fotoschalen, Essig, Wasser, Entwicklerzange oder -pinzette

Beim Arbeiten auf lichtempfindlichem Papier konnte sich Picasso in einem weiteren Bereich experimentell austoben. Er stellte Fotogramme her und hob damit die Trennung zwischen Foto und Gemälde auf. So malte er „Fotos" ohne Stift und Fotoapparat (→ S. 86).

Vorbereitung

Die Kinder bereiten gemeinsam mit der Spielleitung die Fotoschalen mit Fixier- und Stoppbad vor. Das Erstellen von Entwicklerflüssigkeit und Fixierflüssigkeit richtet sich nach der Verpackungsbeschreibung. Das Stoppbad besteht aus Wasser und einem Schuss Essig. Die Kinder sollten die Fotoschalen soweit mit Flüssigkeit füllen, dass das Fotopapier darin schwimmen kann. Die Entwicklerflüssigkeit geben sie in Sprühflaschen.

- Die Kinder legen den Fußboden mit einer Schutzfolie aus, damit er nicht mit Entwicklerflüssigkeit besprüht wird. Der Raum wird völlig abgedunkelt, sodass nur eine Rotlichtlampe brennt.
- Sie nehmen blattweise das Fotopapier aus der Packung, damit die anderen darin befindlichen Papiere vor Licht geschützt bleiben.
- Dann setzen sie ihren Bogen Fotopapier dem Tageslicht aus und legen ihn auf die Schutzfolie.
- Sie nehmen die Sprühflaschen mit Entwicklerflüssigkeit und besprühen damit ihren Bogen Fotopapier. Obgleich die Entwicklerflüssigkeit transparent ist, werden dadurch auf dem Fotopapier nach kurzer Zeit viele kleine schwarze Punkte sichtbar.
- Anschließend tauchen die Kinder das behandelte Fotopapier mithilfe der Pinzette in das Stoppbad und dann ins Fixierbad.
- Danach wässern die Kinder das Spritzfotogramm, um es von den Chemikalien zu befreien. Das Spritzfoto ist fertig.

Achtung

Vorsicht mit Fixierer und Entwickler – auch in verdünnter Form sind sie nicht ungiftig!

Ein Pinselfotogramm

Alter: ab 7 Jahren

Material: Haarpinsel, Fotopapier, Rotlichtlampe, Entwicklerflüssigkeit, Fixierflüssigkeit, 3 Fotoschalen, Essig, Wasser, Entwicklerzange oder -pinzette, Becher; evtl. Pipette, Bürsten, Schwämme, Lappen

Das Fotopapier und seine experimentellen Möglichkeiten begeisterten Picasso. Auf verschiedene Arten gestaltete er Fotos mit Entwicklerflüssigkeit.

- Die Kinder bereiten mit der Gruppenleitung zusammen die Fotoschalen mit Entwicklerflüssigkeit, Fixierbad und Stoppbad vor (→ S. 102). Die Entwicklerflüssigkeit kommt hier in eine Schale.
- Das Fotopapier entnehmen die Kinder blattweise in einem dunklen Raum, in dem nur eine Rotlichtlampe brennt, um die anderen darin befindlichen Papiere vor Licht zu schützen.
- Die Kinder legen den Bogen Fotopapier vor sich auf den Tisch und setzen ihn dem Tageslicht aus.
- Die Kinder malen mit einem Pinsel mit Entwicklerflüssigkeit ein Motiv auf das Fotopapier.

- Nach kurzer Zeit färbt sich die Entwicklerspur je nach Konzentration des Entwicklers grau oder schwarz. Das aufgemalte Motiv oder Bild wird also als schwarze Zauberspur sichtbar.
- Anschließend tauchen die Kinder das bearbeitete Fotopapier mithilfe der Pinzette in das Stoppbad und dann ins Fixierbad. Danach wird das Pinsel-Fotogramm gewässert, um es von den Chemikalien zu befreien.

Variante 1

Statt mit der Entwicklerflüssigkeit auf das Fotopapier zu malen, können die Kinder auch mithilfe ihrer Puste die Entwicklerflüssigkeit über das Fotopapier verteilen. Dazu zuvor einfach mit einer Pipette genügend Entwicklerflüssigkeit auf das Fotopapier geben.

Variante 2

Die Kinder drucken die Entwicklerflüssigkeit mit darin getränkten Schwämmen, Bürsten oder Lappen auf das Fotopapier.

Achtung

Vorsicht mit Fixierer und Entwickler – auch in verdünnter Form sind sie nicht ungiftig!

Bilder mit Licht malen

Alter: ab 7 Jahren
Material: völlig abgedunkelter Raum, Rotlichtlampe, Entwicklerflüssigkeit, Fixierflüssigkeit, 3 Fotoschalen, Essig, Wasser, Entwicklerzange oder -pinzette, Becher, Taschenlampe

Gemeinsam mit der Spielleitung bereiten die Kinder die Fotoschalen mit Entwicklerflüssigkeit, Fixierbad und Stoppbad vor (→ S. 103).
Die Kinder gehen in einen völlig abgedunkelten Raum, in dem nur die Rotlichtlampe eingeschaltet ist. Jedes Kind erhält einen Bogen. Nacheinander halten die Kinder ihre Taschenlampe über das Fotopapier und belichten damit für einige Sekunden das Fotopapier, z. B.:

- Sie bewegen die Taschenlampe hin und her oder kreisen damit über dem Fotopapier.
- Sie variieren die Höhe, in der die Taschenlampe über das Fotopapier geführt wird.
- Sie variieren die Geschwindigkeit, in der sie die Taschenlampe über das Fotopapier führen.
- Sie schalten die Taschenlampe mehrmals ein und aus.

Einen Anhaltspunkt, wie lange die Kinder ihre Taschenlampe über das Fotopapier bewegen sollen, gibt es nicht. Es gilt zu experimentieren.
Haben die Kinder ihre Taschenlampe leuchtend über das Fotopapier geführt, legen sie das Fotopapier in die Entwicklerflüssigkeit. Nach kurzer Zeit zeigt sich auf dem Fotopapier die Lichtspur als Lichtschatten. Ist das Bild vollständig entwickelt, legen die Kinder es mithilfe der Pinzette in das Stoppbad und schließlich ins Fixierbad. Zuletzt wird es gewässert.
Die Kinder sind sicherlich über Ursache und Wirkung von Licht und Entwicklerflüssigkeit überrascht.

Achtung

Vorsicht mit Fixierer und Entwickler – auch in verdünnter Form sind sie nicht ungiftig!

Motivfotogramme

Alter: ab 7 Jahren
Material: völlig abgedunkelter Raum, Rotlichtlampe, Fotopapier, Belichtungslampe oder Schreibtischlampe, verschiedene Gegenstände (z. B. Schere, Blätter, Nudeln, Puzzelteile, Knöpfe, Spitzenstoff, Strohsterne usw.), Entwicklerflüssigkeit, Fixierflüssigkeit, Pinzette, Wasser, 3 Fotoschalen oder flache Schalen

Beim Malen auf Fotopapier interessierte Picasso immer wieder die Frage, was passiert, wenn…? Der experimentelle Gedanke, das Erforschen und Entdecken spielten dabei eine besonders große Rolle.

Die Kinder bereiten gemeinsam mit der Spielleitung die Fotoschalen mit Entwicklerflüssigkeit, Fixierbad und Stoppbad vor (→ S. 103).
Sie wählen verschiedene Gegenstände aus dem Fundus, z. B. eine Schere, Blätter, Nudeln, Puzzelteile, Knöpfe, Spitzenstoff oder Strohsterne, und gehen damit in den verdunkelten Raum, in dem nur die Rotlichtlampe brennt. Ein Kind erhält dort einen Bogen Fotopapier und legt ihn unter die Belichtungslampe, die noch ausgeschaltet ist. Auf das Fotopapier legt das Kind seine mitgebrachten Gegenstände. Es knipst die Belichtungslampe an, zählt langsam 1, 2, 3, 4 und schaltet die Lampe wieder aus. Das Kind nimmt nun die Gegenstände vom Fotopapier herunter und legt das Fotopapier in das Entwicklungsbad. Wie werden die Gegenstände wohl auf dem Fotopapier abgebildet sein? Wie von Zauberhand wird in der Entwicklerflüssigkeit das Fotogemälde sichtbar. Danach legt das Kind das Foto mithilfe der Pinzette in das Stoppbad und anschließend in das Fixierbad. Zum Schluss wässert es das Bild im Wasserbad, um es von den Chemikalien zu reinigen.

Achtung

Vorsicht mit Fixierer und Entwickler – auch in verdünnter Form sind sie nicht ungiftig!

Ich ritze Dias

Alter: ab 4 Jahren
Material: Prickelnadel, Schwarzfilm (= ein unbelichteter Film, ist als Rest in einem Fotostudio erhältlich oder man sammelt die unbelichteten Reststücke von Diafilmen), Diarahmen, Diaprojektor

Pablo Picasso ritzte mit einem spitzen Gegenstand in Dias. So nahm er direkt bildnerischen Einfluss auf eine Fotografie. Auch die Kinder bearbeiten einen unbelichteten Diafilm.

Die Kinder schneiden sich vom Schwarzfilm ein so großes Stück ab, dass dieses in das Fenster des Diarahmens hineinpassen würde. Bevor sie das Stück Schwarzfilm in den Diarahmen pressen, ritzen sie mit der Prickelnadel auf die beschichtete Seite des Films Motive. Dadurch verletzten sie die Filmschicht und hinterlassen Spuren. Das fertige Bild betrachten die Kinder anschließend durch einen Diaprojektor an der Projektionswand.

Variante
Die Kinder kombinieren ein Dia mit einem selbst gestalteten Schwarzfilmdia, indem sie beide Dias aufeinanderlegen und in einen Diarahmen pressen. So entstehen interessante Effekte auf der Leinwand.

In den Farben der Blumen: Emil Nolde (1867–1956)

Warum Nolde ungemalte Bilder schuf

Emil Nolde wurde am 7. August 1867 als Sohn des Bauern Niels Hansen in Nolde nahe der deutsch-dänischen Grenze geboren. Er hatte drei Brüder. Wie diese sollte auch er Bauer werden. Die Landwirtschaft interessierte ihn aber wenig. Wichtiger war ihm die Malerei. Die Eltern erlaubten ihm mit 17 Jahren eine Lehre zum Holzschnitzer in Flensburg, die vier Jahre dauerte. Währenddessen nahm Nolde Zeichenunterricht. Nach abgeschlossener Lehre wanderte er von Stadt zu Stadt. Seine Schnitz- und Zeichenkenntnisse brachte er in dieser Zeit in verschiedenen Möbelfirmen ein. 1892, also mit 25 Jahren, wurde er Lehrer für gewerbliches Zeichnen in St. Gallen, Schweiz. Sechs Jahre später bewarb er sich an der Münchner Kunstakademie. Er wurde jedoch abgelehnt und beschloss daraufhin, eine Privatschule zu besuchen, um seine künstlerischen Fähigkeiten weiterzubilden. Nolde war auf der Suche nach einem eigenen künstlerischen Stil. Dabei beeinflussten ihn viele Künstler und Künstlergruppen. Einerseits war er Schnitzer und es lag nahe, sich mit dem Holzschnitt näher zu befassen. Andererseits reizte ihn aber auch der Umgang mit Farbe. Die Aquarellfarbe wurde zu seinem wichtigsten Ausdrucksmittel.

1902 heiratete Nolde, der damals noch Hansen hieß, die Sängerin Ada Vilstrup. Zusammen unternahmen sie zwischen 1913 und 1914 eine Expedition nach Neuguinea. Wie viele andere expressionistische Maler wurde Nolde dort von der Ursprünglichkeit der Naturvölker beeinflusst. Seine Erlebnisse verarbeitete er in zahlreichen Bildern. Aquarell-

Emil Nolde, © Nolde Stiftung Seebüll, 2007

farben gewannen für Nolde immer mehr an Bedeutung. Dabei faszinierte ihn, wie auf nasse Malfläche aufgesetzte Farbe eigene Wege geht und selbstständig Motive bildet. Je mehr Nolde sich durch das Aquarell ausdrückte, desto härter wurden die politischen Auseinandersetzungen mit den Gegnern seines ausdrucksvollen Malstils. 1937 wurden viele seiner Bilder von den Nationalsozialisten beschlagnahmt. Damit verbunden war ein Malverbot. Nolde zog sich daraufhin in seine Heimat nach Seebüll zurück, wo er weiter in aller Abgeschiedenheit mit Formen und besonders mit Farben das ausdrückte, was ihn bewegte. Es entstanden in dieser Zeit im Geheimen über 1000 „Ungemalte Bilder". Um sein Werk zu rehabilitieren, erhielt er vor seinem Tod nach Kriegsende noch zahlreiche Ehrungen. Am 13. April 1956 starb Nolde mit 88 Jahren.

Kinder erleben die Arbeitsweise von Emil Nolde

Ich schnitze Seifendekorationen

Alter: ab 6 Jahren
Material: Kernseife, kleines Küchenmesser, Ritzwerkzeuge, Linoldruckmesserchen

Emil Nolde wollte schon als kleiner Junge Maler werden, doch seine Eltern wünschten sich, dass er ein Handwerk erlernt. So besuchte er eine Schnitzschule und lernte dort das Zeichnen von Möbeln und das Schnitzen von kunstvollen Dekorationen. Das Schnitzen in Holz ist eine schwere Arbeit für Kinder. Um schnitzend den Spuren Noldes zu folgen, eignet sich Seife, die weicher als Holz ist und sich von Kindern leicht bearbeiten lässt.

Jedes Kind erhält ein Stück Seife und die Aufgabe, die Seife schnitzend auszugestalten. Dazu können die Kinder Muster oder Motive einarbeiten, indem sie Seife abschaben, in die Seife einritzen oder in sie hineinschneiden. Dadurch entsteht eine reliefartige Oberfläche. Die Kinder können auch einen Gegenstand aus der Seife herausschnitzen, so dass aus der normalen Blockform der Seife ein Fisch, Herz, Baum, Vogel, Kopf, Eisbär oder Elefant wird. Das gewählte Motiv darf jedoch keine filigran abstehenden Einzelteile aufweisen. Dann ist die Bruchgefahr zu groß. Deshalb gehen die Kinder bei der Bearbeitung ganz vorsichtig vor, damit keine schmalen Grade abbrechen.

Dekorierte Kerzen

Alter: ab 6 Jahren
Material: 1 getauchte Stumpenkerze, Linoldruckmesserchen, Ritzwerkzeuge

Schnitzen Kinder in Wachs, können sie ebenfalls mit leicht zu bearbeitendem Schnitzmaterial auf Noldes Spuren wandeln. Nolde dekorierte mit Schnitzereien Möbel. Die Kinder dekorieren schnitzend eine Kerze.

Jedes Kind erhält eine Stumpenkerze. Die Kinder ritzen mit Linoldruckmesserchen Muster oder einfache Spuren in den farbigen Kerzenmantel. Da die Kerze nur getaucht und nicht ganz eingefärbt ist, verletzen die Kinder beim Einritzen den farbigen Kerzenmantel. Dahinter zeigt sich das weiße Wachs.

Briefbeschwerer

Alter: ab 6 Jahren
Material: Gipspulver, Wurmstein (in der Drogerie erhältlich), alte Plastikschüssel, Holzlöffel, großer Joghurtbecher, Flachfeile, Rundfeile, Kerbmesser, Säge, Raspel und Messer, Schmirgelpapier und andere Modellier- und Kratzwerkzeuge

Als Alternative zum Holz nutzen Kinder gegossene Gipsblöcke, um daran im Sinne von Nolde Schnitzkunst zu erlernen. Gips lässt sich leichter bearbeiten als Holz. So können die Kinder sich dabei im Wegnehmen von Material durch Feilen, Sägen oder Schnitzen üben.

Um einen Gipsblock herzustellen, mischen die Kinder zu gleichen Teilen Wurmstein und Gips in einer Schüssel. Über dieses Gemisch gießen sie unter ständigem Rühren Wasser. Dabei entsteht ein Gipsbrei. Diesen gießen sie in die leeren Joghurtbecher. Dort härtet die Masse einen Tag aus. Danach nehmen die Kinder den Block aus dem Becher. Er lässt sich nun von den Kindern sägend, feilend, einritzend, bohrend und schnitzend zu einem dekorativen Briefbeschwerer verarbeiten.

Dekorative Raumsäule

Alter: ab 6 Jahren
Material: ein von Rinde befreiter Baumstamm (z. B. Tanne, Kiefer, Obstbaum), Schnitzwerkzeuge, Raspeln, Feilen, Sägen, Handbohrer

Nolde arbeitete in Möbelfirmen und schnitzte dort aus Holz dekorative Elemente für Möbel. Die Kinder schnitzen in Gruppenarbeit eine riesengroße dekorative Raumsäule.

Zur Realisierung dieses Großprojektes den Baumstamm im Freien, im Garten oder auf dem Spielplatz an einen schönen Platz legen. Jedes Kind sucht sich entlang des Baumstammes eine Stelle, an der es ger-

ne arbeiten möchte. Dort schnitzen die Kinder Muster in den Baumstamm. Sie bohren Punkte und Löcher ins Holz, schnitzen und ritzen Wellen und Zickzacklinien ins Holz, feilen Linien hinein, kratzen Spiralen, Buchstaben oder andere Kerbornamente ins Holz oder schnitzen Gesichter, Geister, Fratzen ein. Sicher sind die Kinder im Erfinden von Motiven sehr kreativ. Von Zeit zu Zeit sollte der Baumstamm gedreht werden, damit die Kinder ihn rundum bearbeiten können.

Tipp

Ein solches Projekt ist auch eine gelungene Attraktion für alle Besucher eines Künstlerfestes im Kindergarten oder in der Schule. Alle Gäste werden aufgefordert, gemeinsam mit den Kindern auf dem Baumstamm ihre schnitzende Visitenkarte zu hinterlassen. Als Erinnerung an das schöne Fest findet später der beschnitzte Baumstamm einen Ehrenplatz in der Einrichtung.

Ich schnitze einen Spazierstock

Alter: ab 6 Jahren
Material: Taschenmesser, gerade gewachsene dicke Äste eines Haselnussstrauches oder einer Weide

Dekorative Schnitzarbeiten, wie sie Emil Nolde für Möbel angefertigt hat, können Kinder auch an Haselnuss- oder Weidenstöcken nachahmen.

Jedes Kind erhält einen dicken Ast. Diesen gestalten die Kinder zu einem dekorativen Spazierstock. Mit dem Taschenmesser ritzen sie dazu Ringe, Spiralen, Zickzacklinien, Kreise, Buchstaben oder Punkte in die dünne Rinde ein. Dabei lösen sie ganz vorsichtig die Rinde vom weißen Holz. Die Muster erscheinen in der Farbe des Holzes und heben sich kontrastreich von der Rinde ab.

Möbeldesign

Alter: ab 5 Jahren
Material: Kleber, Zeichenpapier (DIN A3), Buntpapierreste, Scheren, Filzstifte, Wachsmalstifte, Buntstifte, Gold- und Silberpapier, Geschenkpapier, Knöpfe, Perlen, ein bunter Mix aus kleinen Naturmaterialien (Kastanien, Eicheln, Bucheckern, Muscheln, Stroh, Sternanis, Zimtstange, Kronkorken, Korken, Filmdöschen usw.)

Auf der Schnitzschule lernte Emil auch das Zeichnen von Möbeln. Bevor er sie jedoch zeichnen konnte, musste er eine Vorstellung davon haben, wie das Möbelstück, das er zeichnen und malen möchte, aussehen soll und welche Funktionen es erfüllen muss. Im folgenden Angebot entwerfen die Kinder ihre Traummöbel.

Jedes Kind darf entscheiden, ob es einen Stuhl, einen Schrank oder einen Tisch gestalten möchte. Es erhält eine Kopie, auf der die Zeichnung DIN A4 groß dargestellt ist. Diese klebt es mittig auf einen DIN A3 großen Zeichenpapierbogen. Nun kann der Entwurf des Möbels beginnen.
Die Kinder zeichnen das Möbelstück nach allen Richtungen weiter. Sie malen es aus. Sie bekleben es. Sie realisieren es dreidimensional, indem sie plastische Gegenstände als Griffe oder Muster integrieren. Natürlich erhält das entworfene Möbelstück zum Schluss einen funktionstüchtigen Designernamen.
Wer hat wohl die originellsten und dekorativsten Ideen?

Tipp
Eine Designer-Möbelart-Ausstellung im Sinne von „Nolde heute" ist ein gelungener Abschluss für dieses Projekt.

Ich male Postkarten

Alter: ab 4 Jahren
Material: Postkartenaquarellblock, Aquarellbunt-stifte, Aquarellpinsel, Kreppklebeband, Becher

Wenn Nolde Postkarten an seine Freunde verschickte, malte er diese immer selber. Diese Karten gefielen so vielen, dass er sich entschloss, verschiedene Motive in einer größeren Auflage drucken zu lassen.

Alle Kinder erhalten eine Postkarte, die sie rund herum mit Kreppklebeband am Maltisch festkleben. Sie malen mit den Buntstiften ein beliebiges Motiv auf die Vorderseite der Postkarte. Anschließend tauchen sie den Pinsel ins Wasser und übermalen mit einem feuchten Pinsel die einzelnen Bildmotive. So entsteht der aquarellartige Charakter, den Emil Nolde in seinen Bildern liebte.
An wen wird wohl die Karte verschickt?

Eine Radierung

Alter: ab 6 Jahren
Material: Plexiglas- oder Rhenalonplatten (ein gut zu bearbeitendes Plexiglas, erhältlich im Bastel- oder Künstlerbedarf) oder Overheadfolie, Nadel, schwarze Linoldruck- oder Radierdruckfarbe, alte Baumwolllappen, Stoffreste, Wolle, Kopierpapier

Als Grafiker nutzt Emil Nolde die Radierung. Dabei handelt es sich um ein Tiefdruckverfahren, das dem Kupferdruck sehr ähnlich ist. Kinder erstellen in diesem Angebot ebenfalls eine Radierung.

Vorbereitung

Für eine Radierung benötigt man einen Stupfer. Um den Stupfer herzustellen, nehmen die Kinder Stoffreste, legen sie in die Mitte eines Baumwolllappens und binden diesen oben so zu, dass ein kugeliger Stupfer entsteht.

Alle Kinder erhalten eine Plexiglasplatte oder Overheadfolie. Mit einer Nadel ritzen sie Motive oder Muster in die Folie. Weil Emil Nolde Blumen so liebte, wären natürlich eingeritzte Blumen ein schönes Motiv. Dazu drücken sie beim Ritzen fest auf die Nadel. Danach färben sie mit dem Stupfer die gesamte Folie mit Linoldruckfarbe ein. Damit verteilen die Kinder die Linoldruckfarbe so lange auf der Overheadfolie, bis diese ganz schwarz eingefärbt ist. Anschließend reiben sie wieder alle Farbe mit dem Baumwolllappen von der Folie. Es bleibt nur die Farbe auf der Overheadfolie, die sich in die Ritzen eingefressen hat. Die Kinder tränken ein Blatt Papier mit Wasser, tupfen es mit einem Lappen ab und legen das angefeuchtete Papier auf die Folie. Mit ihren Fingern reiben sie über die Rückseite der Folie. Dabei drückt sich die Linoldruckfarbe in das feuchte Papier. Anschließend ziehen die Kinder das Papier von der Folie. Das Motiv erscheint nun seitenverkehrt als Radierung auf dem Papier.

Ich male meine Freunde mit Kreide an die Tafel

Alter: ab 4 Jahren
Material: nasse Kreide, Becher mit Wasser, schwarzes Tonpapier, Klebeband
Vorbereitung: Drei Stunden bevor die Kinder mit Kreide auf dem Tonpapier zu malen beginnen, stellen sie verschiedene Kreidefarben ungefähr zu einem Viertel in Wasser.

In der Schule porträtierte Emil seine Freunde gerne an der Tafel. An der dunklen Tafel hat die nasse Kreide eine sehr intensive Farbentwicklung.

Jedes Kind erhält einen Bogen Tonpapier. Die Kinder fixieren diesen mit Klebeband am Tisch. Mit der feuchten Kreide malen sie ein anderes Kind aus der Gruppe oder einen Freund. Damit die Porträts später auch wirklich erkennbar sind, schauen sie sich das Modell, das sie malen wollen, genau an. Sie suchen nach Auffälligkeiten, welche den ausgewählten Freund erkennbar machen. Die nasse Kreide auf schwarzem Tonpapier spiegelt den Effekt wider, den auch Emil Nolde erlebte, wenn er mit nasser Kreide auf eine Tafel gemalt hat. Die Kreide entwickelt auf der Tafelfarbe einen hohen Farbkontrast.

Urlaubserinnerungen

Alter: ab 5 Jahren
Material: Zeichenpapier, Temperafarbe, Pinsel, Becher, Kataloge, Zeitschriften, Schere, Kleber

Emil Nolde hatte die Möglichkeit, an einer Expedition nach Neuguinea in Asien teilzunehmen. Dort gewann er neue Eindrücke, die er später in Bildern verarbeitete. So malte er auf Reisen und später auch zu Hause Erinnerungsbilder der Reise. Wenn die Kinder aus den Ferien zurückgekehrt sind, erzählen sie von ihren Erlebnissen in sogenannten Ferienerzählbildern.

Alle Kinder finden sich zusammen und tauschen ihre Ferienerlebnisse aus.
- Was haben sie in den Ferien mit ihren Eltern unternommen?
- Wohin waren sie verreist?
- Waren sie am Meer oder in den Bergen?
- Haben sie einen Tagesausflug gemacht?
- Welches Erlebnis hat ihnen am besten gefallen?
- Wofür konnten die Kinder sich am meisten begeistern?

Die Kinder malen ihre Ferienerlebnisse mit Pinsel und Temperafarbe auf Zeichenpapier. In das Bild können sie auch Ausschnitte aus Zeitschriften oder Katalogen einkleben, um deutliche Aussagen über die Urlaubserlebnisse machen zu können. Die Ferienerzählbilder geben den Kindern die Möglichkeit, ihre Ferien zu reflektieren, und erlauben es, gezielt mit den Kindern über die Ferien ins Gespräch zu kommen. Die Kinder stellen sich nach dem Malen gegenseitig ihre Ferienerzählbilder vor.

Blumenaquarell

Alter: ab 5 Jahren
Material: Aquarellpapier DIN A4 (200 g stark), Kreppklebeband, Aquarellschwamm, Wasser, Aquarellfarbe, Pinsel, Becher

Die Lieblingsmaltechnik von Emil Nolde war das Aquarellieren. Besonders die Nass-in-Nass-Technik lag ihm am Herzen. Die Blumen seines Gartens boten ihm dafür viele Motive. Auch Kinder können bereits wie Nolde Blumenaquarellbilder malen.

Alle Kinder erhalten einen Bogen Aquarellpapier. Diesen fixieren sie rund herum mit Kreppklebeband am Tisch. Sie tauchen den Aquarellschwamm in Wasser und feuchten mit ihm das Aquarellpapier an. Anschließend setzen sie bunte Farbkleckse in die Mitte des Papiers. Durch das angefeuchtete Papier laufen die Farben auseinander. Ist das Papier abgetrocknet, setzen die Kinder mit dem Pinsel in die Mitte eines jeden Farbkleckses einen weiteren kleinen Farbklecks. So entstehen viele Blumen. Um diese herum malen die Kinder viele verschiedene grüne Farbkleckse, die bis zum Blattrand reichen. So entsteht der Eindruck einer wunderschönen Blumenwiese, wie sie Emil Nolde gemalt haben könnte.

Blumenbilder

Alter: ab 5 Jahren
Material: Zeichenpapier, Aquarellbuntstifte, Wasser, Becher, Pinsel

Emil Nolde legte in Seebüll einen wunderschönen Blumengarten an und hatte so eines seiner geliebten Motive, die Blumen, direkt vor der Ateliertür. Er liebte die Blumen als Sinnbilder menschlichen Schicksals und menschlicher Stimmungen und malte sie in kräftigen und leuchtenden Farben.

Die Kinder betrachten auf einem Spaziergang in den Gärten und auf den Wiesen verschiedene Blumen. Welche Blumen blühen gerade? Welche Blumen wachsen hoch, welche niedrig? Sie unterhalten sich über ihren Wuchs, ihre Haltung beim Blühen und Verblühen.

- Wann sind sie aufrecht stehend oder empor sprießend?
- Wann neigen sie sich zur Erde?
- Welche Blumen wuchern über den Boden?
- Welche wachsen geordnet?
- Wie sehen sie aus, wenn sie verblühen.
- Welche Stimmung verkörpern sie dann?
- Wie sehen frohe Blumen aus?
- Wie sehen traurige Blumen aus?

Zu Hause angekommen malen die Kinder ein Blumenbild. Darin reflektieren sie ihren Blumenspaziergang. Sie malen die gesehenen Blumen und berücksichtigen darin auch deren mögliche Stimmungen: vorsichtig knospende Blumen, beglückend aufgehende Blüten, strahlend blühende Blumen, traurig verblühende Blumen, reif samende Blumen usw.

Die Kinder zeigen sich anschließend gegenseitig ihre Bilder und erzählen einander, an was sie bei ihrem Bild gedacht haben.

Anschließend können die Kinder im Sinne von Emil Nolde das Bild mit Wasser vorsichtig übermalen, damit der von ihm geliebte Aquarellcharakter im Bild sichtbar wird.

Emil Nolde, **Reife Sonnenblumen,** ohne Jahr, Aquarell auf Japanpapier, 50,5, × 36,5 cm, signiert unten Mitte „Nolde",
© Nolde Stiftung Seebüll, 2007

Drucken im Hochdruckverfahren

Alter: ab 5 Jahren
Material: viele kleine Sperrholzreststücke gleicher Stärke, dicke Pappe, Heißklebepistole, Linoldruckwalze, Linoldruckfarbe, Zeichenpapier, Overheadfolie, Klebeband; evtl. Moosgummireste

Emil Nolde gehörte zu einem Freundeskreis von Malern, der sich „Die Brücke" nannte. Die Mitglieder dieses Freundeskreises fertigten gerne Holzschnitte. Nolde sah im Holzdruck ebenfalls eine Möglichkeit, sich künstlerisch auszudrücken.
Für Kinder ist das Schneiden in Holz noch etwas schwer. Doch mit kleinen Sperrholzreststücken können sie einen schönen Holzdruckstock zusammenstellen.

Die Kinder benutzen die Sperrholzreststücke wie Bausteine oder Puzzleteile und legen damit ein Motiv. Weil Emil Nolde auf einem Bauernhof aufwuchs und Tiere sehr mochte, arrangieren die Kinder die Sperrholzresttücke zu einem Tier, das auf dem Bauernhof lebt.

- Ist das Tier gelegt, fixieren sie es mit Kleber auf dicker Pappe.
- Dann fixieren sie die Overheadfolie rundherum mit Klebeband am Arbeitstisch.
- Darauf geben sie etwas Linoldruckfarbe.
- Diese verteilen sie mit der Druckerwalze auf der Overheadfolie, bis die Walze ganz mit Farbe angereichert ist.
- Mit der Walze rollen sie über ihr „Puzzle-Bild", den erarbeiteten Druckstock.
- Ist er regelmäßig eingefärbt, bedecken die Kinder ihn mit Zeichenpapier.
- Mit der Hand fahren sie mit leichtem Druck über das Papier, um es auf den Druckstock zu drücken.
- Danach ziehen sie das Papier vom Holzschnitt ab. Das Motiv erscheint seitenverkehrt auf dem Zeichenpapier.

Variante

Statt der Sperrholzreststücke eignen sich für jüngere Kinder auch Moosgummireste, um den Eindruck eines Holzschnittes entstehen zu lassen.

Ich male mit Früchten der Natur

Alter: ab 4 Jahren
Material: große Bögen fester, weißer Karton, Blätter, Beeren (z. B. Brombeeren, Walderdbeeren, Holunderbeeren, Moos, Schleen, Johanniskraut, Heidelbeeren usw.), Blüten, Klebeband

Emil Nolde erkannte, dass er Bilder auch mit natürlichen Farbstoffen malen kann.

Jeder hat schon einmal erlebt, dass Früchte der Natur, wenn man sich darauf setzt oder sie zerdrückt, Farbflecken hinterlassen.
Die Kinder sammeln bei einem Spaziergang Gras, Blumen, Beeren, Blätter und Früchte (z. B. Brombeeren, Walderdbeeren, Holunderbeeren, Moos, Schleen, Johanniskraut, Heidelbeeren usw.). In der Einrichtung erproben sie die Materialien auf ihren Farbreichtum hin. Sie fixieren am Boden oder auf dem Maltisch mit Klebeband einen großen Bogen Zeichenpapier. Dann packen alle ihre Waldschätze aus. Das Zerdrücken, Auspressen, Zermalen und Zerreiben auf dem Malgrund beginnt.
Welche Früchte, Gräser, Blumen hinterlassen wohl die intensivsten Farben?

Mit Beerenfarbe malen

Alter: ab 5 Jahren
Material: Heidel-, Johannis-, Holunderbeeren oder Hagebutten, Tasse, 1 l Wasser, Topf mit Deckel, Holzlöffel, Herd, dichtmaschiges Sieb, alte Schüssel, saugfähiges Aquarellpapier

Nolde nutzte auch natürliche Farben wie die vom Holundersaft, um damit Bilder zu malen.

Die Kinder geben zwei Tassen Holunderbeeren und einen Liter Wasser in den Topf, decken den Topf ab und kochen diese Masse auf. Anschließend lassen sie die Masse 45 Minuten lang bei niedriger Stufe vor sich hinköcheln. Danach gießen sie die Masse durch ein dichtmaschiges Sieb in eine alte Schüssel. Die Beeren, die im Sieb hängen bleiben, drücken die Kinder mit dem Löffel leicht aus, so dass der gesamte Farbstoff in die Schüssel fließt. Anschließend tauchen die Kinder den Pinsel in die Farbe und malen damit. Am besten benutzen die Kinder dabei saugfähiges Aquarellpapier.

Mit Blumen malen

Alter: ab 5 Jahren
Material: gesammelte Blüten von verschiedenen Blumen (Ringelblume, Schafgarbe, Lindenblüten, Kamillenblüten, Studentenblumen, Löwenzahn, Ginster oder Lupinen), evtl. Pfefferminzblätter, Brennnesselblätter oder Rote Beete, mehrere Töpfe, Wasser, Sieb, Aquarellpapier, Gläser

Emil Nolde malte mit selbst gewonnenen natürlichen Farben. Dazu nutzte er nicht nur Beeren, sondern auch Blumen und Pflanzen seines Gartens.

Um auf den Spuren Emil Noldes zu wandeln, sammeln die Kinder Blüten von der Ringelblume, Schafgarbe, Linde, Kamille, Studentenblume, Löwenzahn, Ginster oder Lupine. Die Kinder kochen daraus jeweils einen verdickten Absud. Dazu geben sie die gesammelten Blätter oder Blüten jeweils einer Pflanzensorte in einen Topf. Sie füllen den Topf mit Wasser auf, so dass die Pflanzen gerade bedeckt sind, und kochen die Masse eine Stunde lang aus. Über Nacht lassen sie den Sud stehen und seien ihn am nächsten Tag in eine Schüssel oder ein Glas ab. Auf Aquarellpapier können die Kinder dann ihre Erfahrungen mit diesen natürlich hergestellten Farben machen.

Variante 1
Statt Blumen eignen sich für die Herstellung eines Absudes auch Blätter von Brennnessel oder Pfefferminz.

Variante 2
Rote Beete entwickelt beim Abkochen einen besonders schönen Rotton, der sich bestens zum Malen eignet.

Ich male gesungene Töne

Alter: ab 5 Jahren
Material: Aquarellfarbe, Pinsel, Aquarellpapier

Emil Noldes Frau Ada war Sängerin. Sie inspirierte ihn dazu, auch Gesangsstimmen Farben zu geben.

Jedes Kind erhält einen Bogen Aquarellpapier. Diesen fixieren die Kinder mit Klebeband rundherum am Maltisch. Reihum singt jedes Kind während des Malens einen Ton. Die Kinder entscheiden für sich, ob sie den anderen einen schrillen, dumpfen, hohen, tiefen oder mittleren Ton vorsingen. Hat ein Kind seinen Ton erklingen lassen, entscheiden alle Kinder für sich, ob es sich dabei um einen hohen oder einen tiefen Ton gehandelt hat. Im zweiten Schritt überlegen die Kinder, welchen Farbton der Klang haben könnte. War es eher eine heller Ton, so könnten die Kinder diesen z. B. in Gelb malen. War es eher ein dunkler Ton, so könnten die Kinder ihn in Blau oder Schwarz auf dem Papier festhalten. Nach jedem angestimmten Ton halten die Kinder diesen mit entsprechender Farbe auf dem Zeichenpapier, z. B. mit einem Farbklecks, fest. Je unterschiedlicher die Töne sind, welche die Kinder anstimmen, desto bunter sind anschließend ihre Bilder.

Miniaturbilder

Alter: ab 4 Jahren
Material: Streichholzschachteln, Bleistift, Zeichenpapier, Filzstifte, Schere, Kleber; evtl. Perlen

Im Zweiten Weltkrieg wurde Emil verboten, Bilder zu malen. Die Polizei kam sogar zu ihm nach Hause, um zu überprüfen, ob er nicht doch unerlaubterweise malte. Deshalb malte er zu Hause ganz kleine Miniaturbilder, die sich gut verstecken ließen. Nolde nannte sie später die „Ungemalten Bilder".

Die Kinder malen Streichholzschachtelbilder. Sie legen die Streichholzschachtel auf Papier und umfahren sie mit einem Bleistift. Die so entstandene Schablone schneiden die Kinder aus. Das ist genau die Fläche, welche sie nun bemalen dürfen. Ist das Miniaturbild fertig, kleben sie dieses in das Schubfach der Streichholzschachtel. Dann schieben sie das Schubfach in die Streichholzschachtel. Das Bild ist nun versteckt! Wer würde jetzt noch vermuten, dass sich darin ein kleines Kunstwerk befindet?

Tipp

Eine kleine Ausstellung der Miniaturbilder bietet sich in Form eines Streichholzschachtelschrankes an. Dazu kleben die Kinder die Streichholzschachteln so über- und nebeneinander, dass sich alle Schubfächer noch herausziehen lassen. Auf jedes Schubfach kleben die Kinder mittig eine kleine Perle als Griff. Bald kann das Streichholzschachtel-Schrankmuseum eröffnet werden.

Anhang

Register

Informationen zu Künstlern und Bildquellen

Bildmaterial von allen Künstlern

www.artothek.de
www.poster.de
www.kunst-fuer-alle.de
www.artnet.de
www.allposters.de

Informationen zu den einzelnen Künstlern

Keith Haring
www.haring.com
www.haringkids.com
www.haring.nebelbank.de
http://de.wikipedia.org/wiki/Keith_Haring

Friedensreich Hundertwasser
www.hundertwasser.com
www.hunderwasserbahnhof.de/architektur/
linkliste.htm
www.kunsthauswien.com
http://de.wikipedia.org/wiki/Friedensreich_Hundertwasser

Yves Klein
www.yvesklein.de
www.yvesklein.org
http://members.aol.de/yakima67/yk-d.htm
http://de.wikipedia.org/wiki/Yves_Klein

Emil Nolde
www.dhm.de
www.nolde-stiftung.de
http://de.wikipedia.org/wiki/Emil_Nolde

Niki de Saint Phalle
www.nikidesaintphalle.de
http://de.wikipedia.org/wiki/Niki_de_Saint_Phalle

Pablo Picasso
www.grafikmuseum-picasso-muenster.de
www.musee-picasso.fr
http://de.wikipedia.org/wiki/Pablo_Picasso

James Rizzi
www.jamesrizzi.com
www.rizzibilder.de
www.rizzi-haus.de
http://de.wikipedia.org/wiki/James_Rizzi

Andy Warhol
www.artelino.de/articles/andy_warhol.asp
http://de.wikipedia.org/wiki/Andy_Warhol

Literaturhinweise mit Bildmaterial zu den einzelnen Künstlern

Keith Haring
Abenteuer Kunst: Keith Haring, Ich wünschte ich müsste nicht schlafen, Prestel 1997

Friedensreich Hundertwasser
Brandenburg, Birgit: Hundertwasser für Kinder, Verlag an der Ruhr, 2003
De Coster, Birgit: 10 Folien, Kinder entdecken Hundertwasser, Persen, 2004

Yves Klein
Hollein, Nina: Yves Klein macht Blau, Hatje Cantz Verlag 2005

Emil Nolde
Giordano, Mario: Emil Nolde, DuMont 2006

Niki de Saint Phalle
Brandenburg, Birgit: Niki de Saint Phalle für Kinder, Verlag an der Ruhr 2005
Abenteuer Kunst: Nikis Welt, Prestel, 2003

Pablo Picasso
Abenteuer Kunst: Ein Tag mit Picasso, Prestel 1999
Giordano, Mario: Pablos Geschichte. Picassos Leben für Kinder erzählt, 2002
Kipper, Alexandra und Otremba, Cordula: Pablo Picasso für Kinder. Eine Werkstatt, Verlag an der Ruhr 2002

Welker, Ulrike: Pablo Picasso entdecken, Neukirchener Verlagshaus, 2000

James Rizzi
Rizzi, James und Bührer, Peter: American Cookies and More, Südwest Verlag 2000
Rizzi, James: Postkartenkalender, Prestel 1996
Rizzi, James und Bührer, Peter: Christmas Cooking in New York, Kosmos Oktober 2001

Andy Warhol
Abenteuer Kunst: Andy Warhol, Bilder für Kinder, Prestel, 2004

Darüber hinaus gibt es zahlreiche Kalender (Buchkalender, Taschenkalender, Broschürenkalender).

Wie nutze ich das Anschauungsmaterial?

- Bild kopieren bzw. ausdrucken
- Bild aus einem Buch oder ein ausgedrucktes Bild mithilfe eines Artographen projizieren
- Bild als Dia fotografieren und mit Diaprojektor an die Wand projizieren
- Bild einscannen und ausdrucken oder über Beamer an die Wand projizieren
- Bild einscannen und auf Folie ausdrucken und über Overheadprojektor projizieren
- Bild auf Folie kopieren und über Overheadprojektor projizieren
- Bild mithilfe von Computer/Laptop über Beamer an die Wand projizieren

Die Autorin

Jakobine Wierz hat Kunstgeschichte, Bildende Kunst und Katholische Theologie studiert und ist Diplom-Pädagogin. Sie arbeitet als Lehrerin an der Katholischen Fachschule für Sozialwesen in Trier und ist seit vielen Jahren in der Fortbildung für ErzieherInnen und SpielkreisleiterInnen tätig. Darüber hinaus hat sie Lehraufträge an Institutionen für Erwachsenenbildung und ist Autorin zahlreicher spielpädagogischer Bücher. Im Ökotopia Verlag sind von ihr u. a. erschienen: *Große Kunst in Kinderhand*, 2000; *Vom Kritzel-Kratzel zur Farbexplosion*, 2004; *Kinder treffen Mona Lisa*, 2004.

Die Illustratorin

Kasia Sander, geboren 1964 in Gdynia (Polen), studierte an der Danziger Kunstakademie und machte 1993 ihr Diplom an der Fachhochschule für Design in Münster. Seitdem illustriert die Grafikdesignerin Bücher für diverse Verlage (Arena, Ökotopia, Schneider u. a.) und arbeitet seit 2000 als Karikaturistin für die *Recklinghauser Zeitung*. Darüber hinaus leitet sie Workshops in Ölmalerei und Zeichnung. Kasia Sander hat ihre Werke mehrfach in Gemeinschafts- und Einzelausstellungen präsentiert. Für den Ökotopia Verlag hat Kasia Sander schon viele Bücher illustriert, zuletzt *Wetterfühlungen*, 2006; *Professor Kleinsteins Experimentier-Werkstatt für Kinder*, 2006; *Die Gemüsedetektive*, 2007.

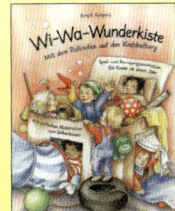

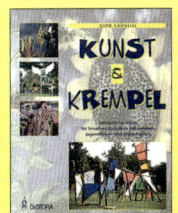

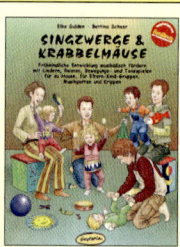

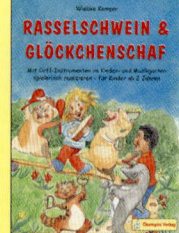

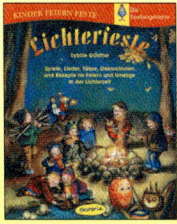

Gipsy und Franz Baumann

Mit Mammut nach Neandertal

Kinder spielen Steinzeit

ISBN: 978-3-925169-81-6

Bernhard Schön

Wild und verwegen übers Meer

Kinder spielen Seeräuber und Piraten

ISBN (Buch): 978-3-931902-05-6
ISBN (CD): 978-3-931902-08-7

Hartmut E. Höfele und Susanne Steffe

Der wilde Wilde Westen

Kinder spielen Abenteurer und Pioniere

ISBN (Buch): 978-3-931902-35-3
ISBN (CD): 978-3-931902-36-0

Kinder spielen Geschichte

Im KIGA, Hort, Grundschule, Orientierungsstufe, offene Kindergruppen, bei Festen und Spielnachmittagen

Die erfolgreiche Reihe aus dem Ökotopia Verlag

Sybille Günther

Ritterburg & Königsschloss

Kinder spielen Ritter, Knappe, Burgfräulein, Prinz und Prinzessin

ISBN (Buch): 978-3-86702-046-6
ISBN (CD): 978-3-86702-047-3

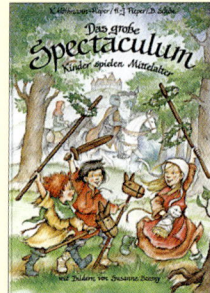

K. Hoffmann - Pieper, H. J. Pieper, B. Schön

Das große Spectaculum

Kinder spielen Mittelalter

ISBN: 978-3-925169-78-6

I. R. Floerke u. B. Schön

Markt, Musik und Mummenschanz

Stadtleben im Mittelalter

Das Mitmach-Buch zum Tanzen, Singen, Spielen, Schmökern, Basteln & Kochen

ISBN (Buch): 978-3-931902-43-8
ISBN (CD): 978-3-931902-44-5

Kinder erforschen die Welt

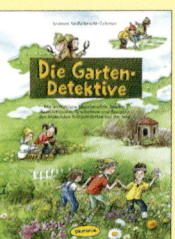

Leonore Geißelbrecht-Taferner

Die Garten-Detektive

Mit vielfältigen Experimenten, Spielen, Bastelaktionen, Geschichten und Rezepten den blühenden Frühjahrsboten auf der Spur

ISBN: 978-3-936286-58-8

M. Kalff und B. Laux

Sonne, Mond und Sternenkinder

Mit der Mondmaus in Spielen, liedern und Geschichten die Phänomene des Himmels erforschen

ISBN (Buch): 978-3-931902-71-1
ISBN (CD): 978-3-931902-72-8

Antje und Burkhard Neumann

Waldfühlungen

Das ganze Jahr den Wald erleben – Naturführungen, Aktivitäten und Geschichtenfibel

ISBN: 978-3-931902-42-1

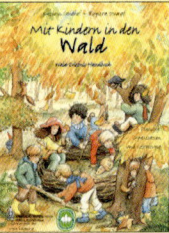

Kathrin Sandhoff und Birgitta Stumpf

Mit Kindern in den Wald

Wald-Erlebnis-Handbuch Planung, Organisation und Gestaltung

ISBN: 978-3-931902-25-4

Antje und Burkhard Neumann

Wiesenfühlungen

Das ganze Jahr die Wiese erleben

Naturführungen, Wahrnehmungsspiele und Geschichtenbuch

ISBN: 978-3-931902-89-6

Antje und Burkhard Neumann

Wasserfühlungen

Das ganze Jahr Naturerlebnisse an Bach und Tümpel

Naturführungen, Aktivitäten und Geschichtenbuch

ISBN: 978-3-936286-13-7

Susanne Steffe, Hartmut E. Höfele

Europa in 80 Tönen

Eine multikulturelle Europareise mit Liedern,
Tänzen, Spiele und Bräuchen
ISBN (Buch): 978-3-931902-87-2
ISBN (CD): 978-3-931902-88-9

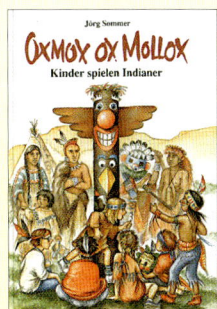

J. Sommer

Oxmox ox Mollox

Kinder spielen Indianer

ISBN: 978-3-925169-43-4

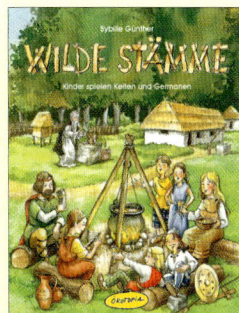

Sybille Günther

Wilde Stämme

Kinder spielen Kelten und Germanen

ISBN: 978-3-936286-76-2

P. Budde, J. Kronfli

Regenwald & Dschungelwelt

In Spielen, Liedern,
Bastelaktionen,
Geschichten, Infos und
Tänzen die faszinierende
Welt der Regenwälder
erleben

ISBN (Buch): 978-3-936286-96-0
ISBN (CD): 978-3-936286-97-7

**P. Budde +
J. Kronfli**

Fliegende Feder

Indianische
Kultur in Spielen,
Liedern, Tänzen
und Geschichten

ISBN
(Box inkl. CD): 978-3-931902-26-1
(CD): 978-3-931902-23-0

Monika Rosenbaum

Pickadill & Poppadom

Kultur und Sprache
Großbritanniens in
Spielen, Bastelaktio-
nen, Liedern, Reimen
und Geschichten

ISBN (Buch): 978-3-936286-11-3
ISBN (CD): 978-3-936286-12-0

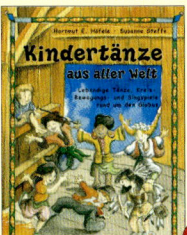

H.E. Höfele – S. Steffe

Kindertänze aus aller Welt

Lebendige Tänze,
Kreis-, Bewegungs-
und Singspiele rund
um den Globus

 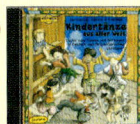

ISBN (Buch): 978-3-936286-40-3
ISBN (CD): 978-3-936286-41-0

P. Budde, J. Kronfli

Wer sagt denn hier noch Eskimo?

Eine Reise durch das
Land der Inuit mit
Spielen, Liedern u. a.

ISBN (Buch): 978-3-936286-73-1
ISBN (CD): 978-3-936286-74-8

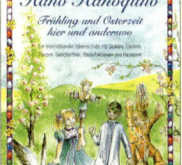

P. Budde, J. Kronfli

Hano Hanoqitho

Frühling und Osterzeit
hier und anderswo

Ein internationaler
Ideenschatz

ISBN (Buch): 978-3-936286-56-4
ISBN (CD): 978-3-936286-57-1

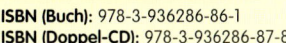

Johnny Lamprecht

Trommel-zauber

Kinder lernen Trommeln
und erleben Afrika mit
Liedern, Rhyth-
men, Tänzen,
Geschichten
und Spielen

ISBN (Buch): 978-3-936286-86-1
ISBN (Doppel-CD): 978-3-936286-87-8

**D. Both,
B. Bingel**

Was glaubst du denn?

Eine spielerische
Erlebnisreise für
Kinder durch die
Welt der
Religionen

ISBN: 978-3-931902-57-5

 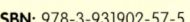

**Susanne Steffe,
Hartmut E. Höfele**

Mit 80 Kindern um die Welt

So leben Kinder
anderswo: Bunte
Geschichten,
Lieder und
Spielaktionen

ISBN (Buch) 978-3-86702-052-7
ISBN (CD) 978-3-86702-053-4

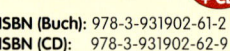

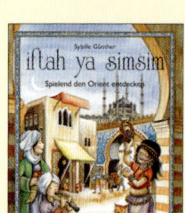